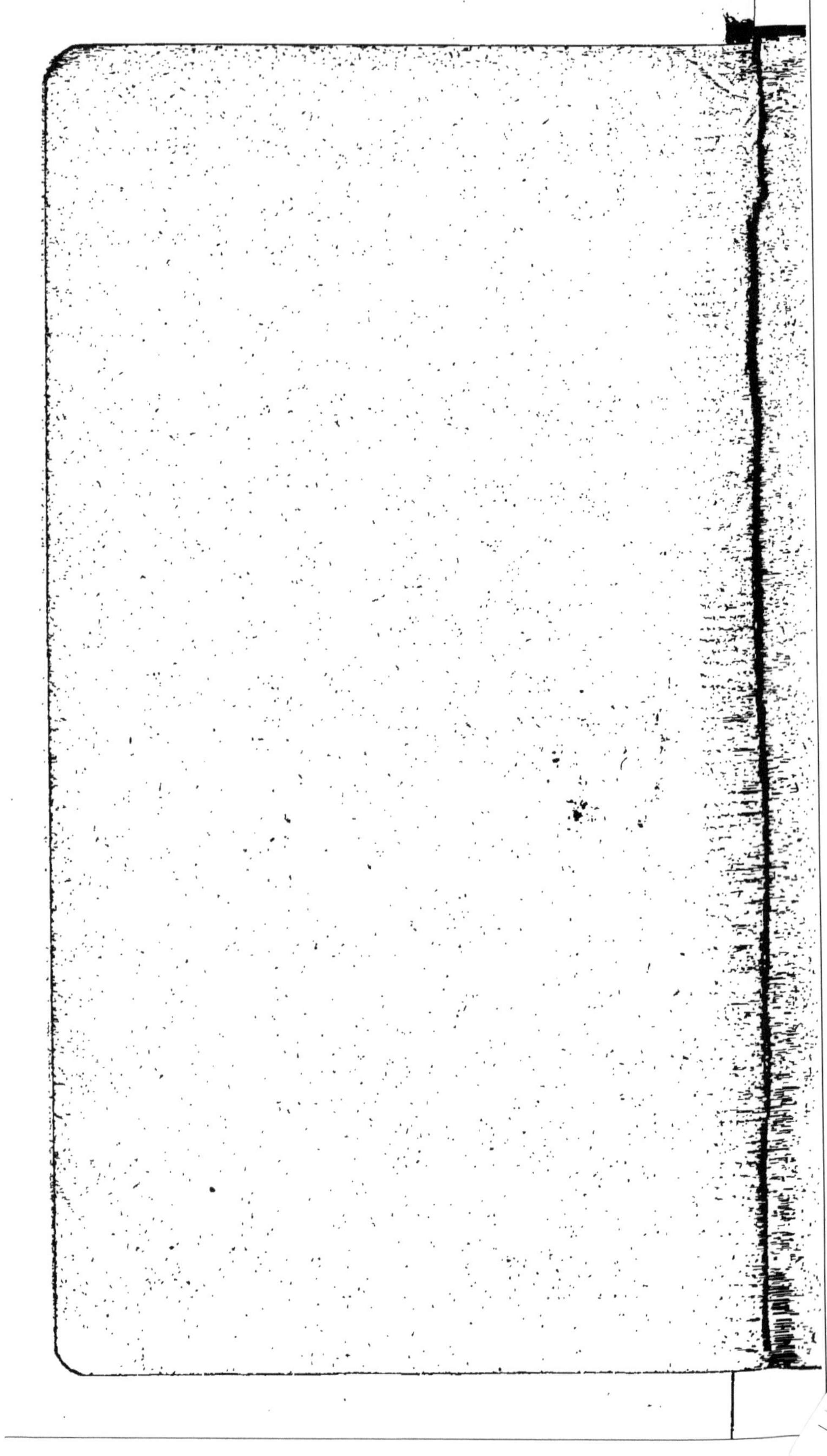

RÈGLEMENT PROVISOIRE

DE

MANŒUVRE D'INFANTERIE

DU 1er FÉVRIER 1920

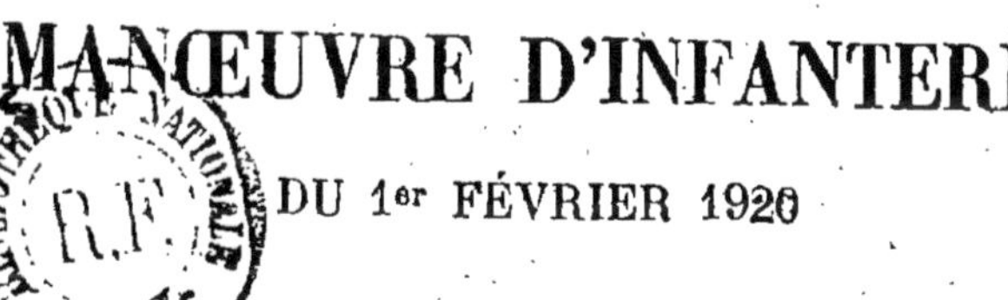

MINISTÈRE DE LA GUERRE

DIRECTION DE L'INFANTERIE

RÈGLEMENT PROVISOIRE

DE

MANŒUVRE D'INFANTERIE

DU 1er FÉVRIER 1920

DEUXIÈME PARTIE

CHARLES-LAVAUZELLE & Cie
Éditeurs militaires
PARIS, Boulevard Saint-Germain, 124
LIMOGES, 62, Avenue Baudin | 53, Rue Stanislas, NANCY

1923

TABLE DES MATIERES.

PRÉLIMINAIRES.

TITRE I.

GÉNÉRALITÉS SUR L'INFANTERIE.

TITRE III.

LA DÉFENSE DU TERRAIN.

DEUXIÈME PARTIE.

L'INFANTERIE AU COMBAT.

L'INFANTERIE AU COMBAT.

PRÉLIMINAIRES (1).

CHAPITRE I

PRINCIPES GÉNÉRAUX.

1. La désorganisation des forces matérielles de l'ennemi est le but des opérations militaires.

Elle ne peut être obtenue que par la **bataille.**

La bataille comporte des **actions offensives** et des **actions défensives.** Le commandement joue délibérément des unes et des autres, selon les besoins de la situation générale et de la manœuvre stratégique qu'il a conçue; elles comportent des manifestations semblables d'activité et d'énergie.

2. L'**offensive** permet seule d'infliger à l'ennemi des échecs décisifs.

Les fronts les plus puissants sont susceptibles d'être rompus par la combinaison des actions de force et des effets de surprise.

Celui qui attaque le premier impressionne l'adversaire par la manifestation d'une volonté supérieure à la sienne; il déconcerte ses projets d'attaque et l'oblige à les abandonner pour se défendre. Si, au surplus, il le surprend en pleine manœuvre, il tire de là un avantage considérable.

Une offensive d'ensemble exige une certaine supériorité de moyens permettant à l'assaillant de supporter l'usure, d'exploiter ses premiers succès avec des forces encore suffisantes pour triompher des réactions de l'adversaire et d'obtenir finalement la désorganisation recherchée.

En dehors de ces conditions, il est de nombreux cas où une offensive locale, menée par un échelon subordonné avec toute l'audace et l'esprit de sacrifice que l'on est en droit de lui demander, donne des résultats considérables dans le cadre d'une action offensive ou défensive de plus grande portée.

Le sens offensif doit donc être développé à l'extrême à

(1) Le présent règlement *provisoire* paraît avant les règlements applicables à toutes les armes qui constitueront la base des règlements d'armes définitifs. En raison de cette anticipation, il a été inséré dans la deuxième partie un certain nombre de notions et de prescriptions qui ne sont pas du strict domaine d'un règlement d'infanterie, mais qui sont indispensables à la compréhension complète et à la bonne application des procédés de combat de cette arme.

tous les degrés. Non qu'il faille attaquer toujours et malgré tout; mais il est plus facile de retenir des exécutants très ardents que de les rendre agressifs s'ils sont trop enclins à la défensive.

3. La **défensive** est une manœuvre ayant pour but la conservation et la défense du terrain sur lequel le commandement a résolu de briser le dispositif offensif de l'ennemi.

L'attitude défensive se justifie :

— quand il s'agit d'épargner des forces sur une partie du front au profit d'une manœuvre offensive montée sur une autre partie;

— quand il s'agit de gagner du temps jusqu'à ce qu'une opération en préparation soit en état d'être déclenchée;

— enfin, dans toutes les circonstances où il s'agit d'arrêter l'ennemi sur une ligne déterminée.

Suivant le résultat final à obtenir, la défensive peut conduire tantôt à résister à outrance sur la position occupée et à mettre tout en œuvre pour reprendre les parties qui auraient été perdues, tantôt aussi à consentir un abandon de terrain *expressément limité* pour annuler les préparatifs d'attaque de l'adversaire et à fixer plus en arrière la position à défendre à outrance.

Pour les petites unités comme pour les grandes, la défense exclut toute passivité. Devant un défenseur passif, l'adversaire pourrait en effet déterminer à loisir les points faibles, prendre des dispositions appropriées et attaquer avec toutes les chances de son côté.

Au point de vue des procédés de combat, les avantages de la défense sont :

— la possibilité de donner au feu toute sa puissance, grâce à des plans d'emploi du feu étudiés et réalisés à loisir et grâce à des facilités de ravitaillement que n'offre pas l'offensive;

— la diminution des effectifs exposés en première ligne résultant de la faculté d'établir, sur un front donné, un système de feux très solide avec beaucoup moins d'hommes qu'il n'en faudrait pour attaquer ce front;

— les conditions d'installation matérielle (protection contre les coups, observation, transmission, etc.), toujours meilleures chez le défenseur que chez l'assaillant;

Par contre, la défensive présente l'inconvénient que, même couronnée de succès, elle ne conduit jamais à une décision complète. L'ennemi peut être arrêté, subir de lourdes pertes, avoir l'impression d'un échec; mais pour obtenir sa désorganisation totale et être maître de la situation, il faut toujours **agir par le mouvement.**

4. Les **combats** partiels dont se compose la bataille prennent des formes différentes, suivant leur but particulier, les effectifs mis en action, les circonstances de temps et de terrain.

Ils comportent des actes offensifs et défensifs, se combinant ou se succédant étroitement. Les uns ou les autres prédominant selon le **but** assigné par le commandement.

Plus spécialement pour l'infanterie, ce but est toujours, en définitive :

— ou bien d'**avancer malgré l'ennemi** pour désorganiser son dispositif et détruire sa force de résistance;

— ou bien d'**empêcher l'ennemi d'avancer,** c'est-à-dire de conserver le terrain que l'on occupait ou que l'on vient de conquérir.

L'aptitude à passer instantanément d'un acte offensif à une attitude défensive et inversement, au cours des phases d'un même combat, doit être développée chez les exécutants jusqu'à passer complètement dans leurs réflexes. Plus on descend dans l'échelle des unités, moins il y a de différence entre les deux formes de combat.

L'emploi d'un procédé de combat nécessité par la situation du moment ne doit jamais faire perdre de vue le but finalement assigné. C'est ainsi qu'une troupe qui n'aurait pu déboucher ou poursuivre son attaque, selon les prévisions faites, subit forcément un arrêt à forme défensive; mais l'attaque est à reprendre dès que les circonstances le permettent.

5. Le plus souvent, le **terrain** favorise inégalement l'attaque et la défense : il influe donc sur le choix des zones d'attaque et des zones de résistance et sur les dispositions prises de part et d'autre. Les ressources qu'il offre ne concourent au succès que dans la mesure où il est habilement **utilisé** et, s'il est possible, **organisé.**

6. Les **procédés de combat** ne sont pas immuables.

Ils évoluent avec le matériel et la qualité des troupes; ils doivent pouvoir répondre aux procédés nouveaux qui se révèlent chez l'ennemi; ils sont ainsi appelés à varier au cours même d'une campagne.

Il existe, au contraire, un certain nombre de **principes** et d'idées générales dont l'expérience a montré la valeur constante et qui dominent la conduite des moindres combats aussi bien que la direction des grandes opérations.

On peut les résumer ainsi :

7. La **manœuvre** est une combinaison d'efforts en vue d'un **but** précis.

Le but à atteindre doit avant tout, être adapté aux moyens que l'on possède et aux possibilités de l'ennemi.

Le but étant fixé, le principe de l'**économie des forces** intervient pour répartir dans l'espace et dans le temps les moyens mis en jeu.

L'économie des forces vise à un dosage des moyens réalisant la volonté d'être fort aux points où l'on recherche un résultat décisif et, par suite, d'être moins fort, sinon faible, aux points où l'on veut seulement résister aux efforts de l'adversaire.

C'est ainsi que doit s'entendre le principe de la **manœuvre du fort au faible.**

La manœuvre se prépare par l'affectation à des unités de même ordre, sur des terrains comparables en difficultés, de zones d'action de largeurs différentes.

Sur les petites unités **engagées**, c'est-à-dire *ayant une mission en cours d'exécution*, le chef n'a qu'une action limitée et incertaine.

Au contraire, il dispose plus immédiatement et plus complètement de ses **réserves;** c'est avec elles qu'il modifiera ou reconstituera l'économie de son système de forces, si l'action ne se déroule pas dans le sens voulu. Tout en cherchant à les faire durer longtemps, il peut être amené à les engager jusqu'au dernier homme, si cela est nécessaire pour rétablir la manœuvre compromise.

8. L'engagement et le développement de toute opération exigent que le chef ne cesse d'avoir sa **liberté d'action,** c'est-à-dire reste *maître d'employer ses forces, malgré l'ennemi, à l'exécution de la manœuvre projetée.*

L'ensemble des mesures assurant la liberté d'action constitue la **sûreté.**

Il ne suffit pas d'**éviter d'être surpris,** il faut encore arriver à **surpendre l'ennemi,** afin de profiter de la démoralisation et du désordre que crée chez lui l'appréhension du danger inconnu.

9. Dans tout dispositif, il y a lieu de considérer l'**échelonnement en profondeur** et la **répartition en largeur.**

L'échelonnement en profondeur concourt à procurer la liberté d'action en mettant le gros des forces à l'abri de la surprise. Il se prête à la constitution de réserves pouvant être envoyées en temps voulu aux points voulus.

Appliqué à une unité donnée, il permet la **succession des efforts** et en assure la **durée;** il facilite l'**action du commandement pendant le combat.**

Une unité doit avoir un front d'action d'autant plus étroit *et une profondeur d'autant plus grande* qu'elle aura à fournir ou à subir des efforts plus considérables.

Dans la répartition en largeur, on doit éviter de donner à un chef la responsabilité d'un front hors de proportion avec ses moyens d'action et de commandement. On s'abstient, d'autre part, d'une densité excessive qui ne s'obtiendrait qu'au détriment de la profondeur.

10. Lorsqu'une manœuvre a réussi, il ne faut pas laisser à l'ennemi le temps de se ressaisir, mais au contraire activer sa désorganisation en continuant énergiquement l'action. Pour cela, il convient de **garder étroitement le contact,** puis de prendre, au fur et à mesure que l'ennemi cède, un dispositif favorable à la poursuite, aux ravitaillements de toute nature, ainsi qu'à la relève des troupes parvenues à la limite de leur effort.

L'exploitation du succès conduit souvent, afin d'atteindre l'ennemi partout où il est vulnérable, à disperser des moyens jusque-là concentrés. Dans tous les cas, la parade aux contre-attaques de l'ennemi doit toujours être prévue, les réserves qu'il peut posséder encore ne cessant de constituer un danger.

11. Parmi les notions succinctement rappelées ci-dessus, celles qui concernent la surprise et la sûreté présentent un intérêt constant pour les unités d'infanterie; il est utile de les développer plus particulièrement.

CHAPITRE II.

LA SURPRISE ET LA SURETÉ.

12. La **surprise** résulte d'un danger auquel on est ou on croit être hors d'état de parer d'une manière complète et en temps opportun.

Elle est un agent de démoralisation et de désordre qu'il y a lieu d'employer vis-à-vis de l'ennemi toutes les fois que les circonstances le permettent et contre lequel toute troupe a le devoir permanent de se prémunir.

Elle procure à la troupe qui surprend un avantage devant lequel la supériorité en effectifs ou en matériel diminue d'importance.

Du fait que, dans une grande unité en formation d'approche ou de combat, les premiers échelons sont essentiellement composés d'infanterie, il résulte que cette arme joue un rôle important dans la surprise de l'ennemi. Pour les mêmes raisons, la surprise des premiers échelons d'infanterie peut avoir pour les autres échelons et pour les autres armes les conséquences les plus graves.

13. On obtient la surprise par le secret des préparatifs, par la rapidité de l'exécution et par la puissance des moyens d'action soudainement dévoilés. Elle peut être obtenue encore par l'emploi d'engins ou de procédés de combat jusqu'alors inconnus.

14. La conservation du **secret** est particulièrement importante.

Les mesures prescrites en vue de l'assurer doivent être appliquées sans la moindre tolérance. L'inexécution d'une seule d'entre elles peut suffire à éclairer l'ennemi et à compromettre le succès.

Les dispositions relatives à la police des routes et des cantonnements, les précautions à prendre pour dérober à toute investigation les mouvements, les travaux, les reconnaissances, doivent faire l'objet d'un contrôle incessant de la part des chefs. De graves conséquences peuvent résulter d'un manque de discrétion, soit dans la correspondance privée, soit dans les conversations.

Pour les officiers qui sont mis au courant des projets du commandement, la conservation du secret est une question d'honneur. De minutieuses précautions doivent entourer la réception, la transmission et l'expédition des ordres. Les ordres écrits adressés aux divers échelons doivent contenir des indications sur la mission de l'échelon supérieur seulement, sans laisser entrevoir toute l'ampleur de l'opération projetée.

La troupe doit être pleinement convaincue de l'extrême importance de la **discipline du secret.** Elle doit être instruite de certains procédés d'espionnage de l'ennemi et des ruses que celui-ci emploie pour tirer des renseignements des prisonniers.

15. On évite la surprise par la **sûreté.**

La sûreté permet non seulement d'éviter la surprise, mais de la réaliser soi-même.

Elle a pour but essentiel de garantir au commandement sa liberté d'action.

Elle résulte :

1° du *renseignement;*

2° du *dispositif* des troupes.

Le renseignement puisé à une distance suffisante peut à lui seul donner au commandement la certitude qu'il dispose du temps voulu pour réaliser sa volonté, sans avoir rien à craindre de l'adversaire.

Mis en action et adapté aux circonstances, selon les renseignements obtenus, le dispositif des troupes contribue à assurer au commandement la sécurité matérielle — et par suite la libre disposition de ses forces.

Ce résultat est obtenu :

1° par l'interposition entre l'ennemi et le gros des troupes d'éléments dits de *sûreté*, qui concourent à l'obtention des renseignements et évitent au gros comme au commandement de subir les entreprises inopinées de l'ennemi;

2° par l'articulation d'ensemble du dispositif des troupes, qui doit permettre au commandement d'adapter progressivement ce dispositif aux situations que précise le renseignement.

Les éléments de sûreté sont prélevés sur les troupes qu'ils protègent. Ils font fonctionner le *service de sûreté* dans les directions dangereuses, *en marche* et *en station.*

Très réduits lorsque la distance à laquelle on sait l'ennemi procure par elle-même la sûreté, ils ont un effectif d'autant plus considérable que le danger est plus menaçant et que la mission qui leur est assignée est plus importante.

Pour remplir leur mission, ils sont toujours fortement échelonnés en profondeur et aptes, par conséquent, à entamer un combat ou à soutenir une attaque dans de bonnes conditions.

Selon la situation de la troupe qu'ils couvrent, ils portent des noms différents **(avant-gardes, arrière-gardes, flancs-gardes, avant-postes...)** et s'emploient différemment. Mais leur but est toujours le même : permettre au chef de réaliser sa volonté, malgré l'ennemi et, pour cela, lui éviter, avant tout, d'être surpris, soit avant l'engagement, soit au cours de la lutte.

16. A partir du moment où le *contact* de l'ennemi est pris, sa conservation devient un facteur important de la sûreté.

Prendre le contact n'est pas seulement acquérir, par l'échange de quelques coups de feu, la notion de la présence de l'ennemi; c'est chercher à déterminer sur le terrain l'*em-*

placement, la *nature* et la *force* du dispositif que l'on a devant soi.

Exploiter le contact, c'est en déduire *à tout instant* la meilleure manière de disposer ses forces, soit pour se garder et parer à un danger menaçant, soit pour tirer le meilleur profit possible des avantages qu'offre pour l'attaque le terrain qui mène à l'ennemi.

La valeur des renseignements fournis par les organes de contact varie avec la composition de ces organes : éclaireurs montés, patrouilles, troupe plus nombreuse appuyée ou non par l'artillerie ou les chars de combat, aéronautique, etc.

Dans toute unité en première ligne, le chef a le devoir d'obtenir et de conserver un contact en rapport avec les forces dont il dispose, quelle que soit par ailleurs la mission qui lui est assignée.

Cette obligation est permanente et s'étend aux plus petites unités : celles-ci doivent, sans attendre d'ordres, entretenir en avant d'elles des éléments légers ayant tout au moins pour consigne de pousser jusqu'aux avancées de l'ennemi, de s'y accrocher et d'observer tous les indices décelant des mouvements en arrière. Si les résultats de cette recherche donnent à penser que l'ennemi se dérobe à l'abri d'un faible rideau de patrouilles, des fractions plus fortes sont envoyées pour percer ce rideau et reprendre le contact avec l'élément en retraite.

Au besoin, l'unité entière s'engage à leur suite.

Cette conservation automatique et obstinée du contact est de la plus haute importance.

Pour une petite unité, la **conservation du contact dans la direction assignée** est la première condition de l'exploitation du succès.

CHAPITRE III.

LIAISON ET TRANSMISSIONS. — ORDRES ET COMPTES RENDUS.

LA LIAISON.

BUT ET ORGANISATION.

17. On entend par **liaison** l'ensemble des mesures prises pour assurer la coopération intime des unités ayant une mission commune.

La liaison est, pour le chef comme pour l'exécutant, une nécessité fondamentale. Les **transmissions** ne constituent que les moyens matériels et techniques utilisés pour l'établir.

18. La liaison résulte :

de l'unité de doctrine et de la communauté des sentiments;

de la précision avec laquelle le commandement fixe la mission commune à tous et la mission particulière de chacun dans l'ensemble;

de la connaissance que chaque chef obtient en temps opportun de la situation de l'ennemi et des troupes voisines.

19. La liaison s'exerce en profondeur et en largeur.

En profondeur, c'est surtout une **liaison de commandement** alimentée par le double courant des ordres et des comptes rendus; c'est de beaucoup la plus importante.

En largeur, c'est plutôt une **liaison de renseignements,** répondant à la nécessité de savoir quelle est la situation du voisin, *afin de poursuivre soi-même sa mission en meilleure connaissance de cause et, par là même, d'aider ce voisin à remplir la sienne.*

La liaison latérale ne doit pas avoir pour conséquence de détourner une unité de la mission reçue parce qu'une unité voisine n'aura pu remplir la sienne, ou qu'elle aura besoin d'aide. Pour une unité engagée, le meilleur moyen d'aider les unités encadrantes consiste à poursuivre à fond sa propre mission et non à s'arrêter ou à reculer à leur hauteur.

Dans la défensive, ces prescriptions sont absolues : seul le commandement est qualifié pour modifier, s'il y a lieu, la mission d'une unité en flèche, en raison des événements survenus sur ses flancs.

Dans l'offensive, la nécessité de maintenir la plénitude du front d'attaque limite la progression de l'unité en flèche, après qu'elle a employé toutes ses réserves à tenir les intervalles qui se sont créés sur ses flancs. Elle s'arrête donc avant que son encerclement soit possible. Elle repart dès que ce danger a disparu

20. Tout chef appelé à se déplacer doit prendre les mesures nécessaires pour faire connaître son nouvel emplacement aux éléments avec lesquels il est en liaison et pour que ceux qui doivent maintenir une liaison avec lui puissent la rétablir le plus tôt possible.

PROCÉDÉS DE LIAISON.

21. La liaison s'obtient :

— par les **ordres;**

— par les **comptes rendus** et les **rapports,** spontanés ou périodiques, adressés à l'autorité supérieure;

— par les **renseignements** dus par le supérieur à l'échelon subordonné, ou échangés entre unités voisines;

— par le **contact direct** des chefs entre eux, en vue d'assurer cette coopération intime et cet appui réciproque que les échanges de documents écrits ne suffisent pas à créer.

Les renseignements s'obtiennent :

— par les **agents de liaison;**

— par l'**observation** personnelle du chef ou celle des observateurs spécialisés;

Enfin, la liaison nécessite un fonctionnement satisfaisant des **moyens de transmission.**

Le commandement, à chaque échelon, indique les autorités avec lesquelles doit être établie la liaison et les moyens de transmission à faire fonctionner.

Une instruction particulière (1) fixe les moyens affectés normalement à chaque unité et indique leur mode d'emploi. Elle règle également l'organisation de la liaison entre l'infanterie et l'artillerie.

LES ORDRES.

Principes de rédaction.

22. Quel que soit leur objet, les ordres doivent être dominés par ce principe essentiel :

Le chef fixe le but à atteindre; le subordonné a le choix des moyens, sous réserve de l'obligation d'atteindre le but fixé.

---

(1) Provisoirement *Instruction* du 28 décembre 1917 *sur la liaison pour les troupes de toutes armes*, mise à jour avec les feuilles rectificatives nos 1, 2, 3 et l'annexe du 5 juillet 1919.

En conséquence, un ordre doit, avant tout, exprimer très nettement *ce que le chef veut faire* et quelle mission est confiée à ceux qui le reçoivent. L'ordre énumère ensuite les moyens supplémentaires mis à leur disposition en plus de ceux dont ils disposent organiquement et leur laisse le soin de décider, sous leur responsabilité, comment il les mettront en œuvre.

Cette méthode de commandement est nécessaire pour que l'initiative du subordonné puisse s'employer à réaliser la volonté du chef dans les circonstances, fréquentes au combat, où celui-ci perd toute action directe sur les fractions engagées.

Elle n'est pas exclusive des indications et des conseils qu'un chef peut et doit donner, ni du contrôle qu'il doit exercer sur la valeur des dispositions prises; mais une immixtion excessive dans les détails paralyse les sous-ordres et les entraîne souvent à borner leur action à l'exécution étroite des ordres reçus. Inversement, un ordre incomplet autorise les initiatives exagérées ou les inactions pusillanimes des subordonnés; il leur laisse une responsabilité qui ne doit pas leur incomber.

23. Pour être complet, un ordre relatif à une opération doit traiter les points suivants :

— situation initiale; renseignements sur la situation et les projets possibles de l'ennemi;

— but général de l'opération;

— comment le chef a résolu d'atteindre ce but;

— répartition des tâches (indiquer pour chaque groupement subordonné le *chef*, la *mission*, les *moyens*);

— prescriptions et renseignements complémentaires, s'il y a lieu.

24. L'ordre donné à chaque échelon doit contenir tout ce qui lui est nécessaire et rien de plus. Il en résulte pour le chef d'un échelon subordonné l'obligation de réunir dans un ordre unique un extrait succinct, réduit à l'indispensable, de l'ordre qu'il a lui-même reçu et les décisions qu'il a prises en conséquence. Exceptionnellement, cette prescription peut fléchir devant l'urgence de transmettre très rapidement des ordres reçus.

Détails de rédaction.

25. Les heures et les nombres importants sont écrits en toutes lettres, après qu'ils ont été exprimés en chiffres. Les heures se comptent de 0 à 24. L'écriture doit être très lisible. Le texte est coupé en alinéas numérotés. Les noms propres sont soulignés ou écrits en capitales. Le lieu, la date et l'heure du départ, le nom et la qualité de l'expéditeur, l'indication de tous les destinataires à qui le même ordre est envoyé sont toujours indiqués.

On spécifie la carte d'après laquelle on donne les noms des localités. Si les habitants se servent d'appellations différentes, elles sont mentionnées entre parenthèses. Pour désigner un point ne portant pas de nom sur la carte, on indique sa position par rapport à un autre point nettement déterminé ou par ses coordonnées.

Les termes d'orientation : Nord, Est, Ouest, Sud, doivent être employés au lieu des termes : en avant, en arrière, à droite, à gauche.

En dehors des abréviations réglementaires, l'emploi des abréviations par initiales n'est autorisé qu'à la condition d'indiquer entre parenthèses la signification de chaque abréviation, la première fois qu'elle apparaît dans le texte.

Lorsque les circonstances exigent la modification d'un ordre donné, on doit spécifier nettement que telles prescriptions envoyées tel jour, à telle heure, sous tel numéro, sont annulées ou modifiées dans telles conditions. Le numérotage des paragraphes ou alinéas facilite les modifications en évitant des erreurs. (Ex. : Modification à l'ordre n°..... de telle date, paragraphe.....).

Les comptes rendus et les rapports.

26. Le **compte rendu** est une relation sommaire d'un fait ou d'une situation, établie au moment où les événements viennent de se produire; il peut être verbal quand il se fait de chef à chef, sans intermédiaire.

Le **rapport** est une relation plus complète et plus détaillée, destinée à mettre au point, le cas échéant, un ou plusieurs comptes rendus antérieurs ou à coordonner les renseignements qui y étaient contenus. Il est toujours écrit.

27. Les prescriptions du n° 25 s'appliquent à la rédaction des comptes rendus et des rapports.

On précise avec soin les lieux, date et heure, où les faits relatés se sont passés.

Il est nécessaire, en outre, de distinguer les points dont on est certain de ceux dont on présume seulement l'exactitude, ou que l'on ne connaît que par renseignements. Dans ce dernier cas, on indique la source des renseignements et, s'il y a lieu, le degré de véracité qui semble devoir leur être attribué.

Pour être complet, un renseignement sur l'ennemi doit faire connaître :

1° Les forces reconnues (effectif, arme);

2° Le moment précis (heure, minutes) où elles ont été vues ou signalées;

3° Le point ou les points sur lesquels elles se trouvaient à ce moment;

4° Leur situation et leurs mouvements (en station, en marche, dans telle formation, se dirigeant vers... et, s'il y a lieu, à telle allure) et toutes autres particularités.

Dans la mesure du possible, des croquis sont joints aux comptes rendus. Ils doivent être simples, ne contenir que les indications nécessaires pour faciliter la lecture du texte et pour le compléter, mais porter néanmoins tous les noms dont il est fait mention dans le texte. Si le croquis est dessiné sur une feuille séparée, on y rappelle la date et le titre ou le numéro du compte rendu correspondant. On indique toujours l'orientation et l'échelle, même si on ne peut évaluer celle-ci qu'approximativement.

Les **renseignements** échangés entre unités voisines se rédigent sous la même forme que les comptes rendus.

L'envoi fréquent de comptes rendus et de renseignements aux échelons voisins, vers l'avant, vers l'arrière et latéralement, est d'une nécessité constante. Au cours d'opérations actives, les comptes rendus et les renseignements négatifs ont la même importance que les autres.

Les agents de liaison.

28. En toutes circonstances, le chef doit réaliser, entre lui et ses subordonnés, un contact personnel aussi fréquent que possible.

Au combat, ce contact est difficile; chacun est retenu à son poste. Cependant la recherche du renseignement, la connaissance de la situation de la troupe et de ses besoins sont d'une nécessité plus impérieuse que jamais, car elles constituent la base des décisions du chef.

Il est donc de règle qu'avant le combat le commandant de toute unité importante (*division* et *infanterie divisionnaire*) détache, auprès de l'unité immédiatement subordonnée, un **agent de liaison,** qui est, de préférence, un officier.

29. L'agent de liaison détaché dans ces conditions reçoit, avant son départ, des instructions très précises sur la nature de sa mission. Il doit connaître et comprendre la pensée de son chef, être capable de l'expliquer, savoir observer et juger une situation; fréquemment renseigné par le chef auprès duquel il est accrédité, il rend compte, sous le contrôle éventuel de ce chef, du développement du combat et des modifications survenues dans la situation; il épargne ainsi à un chef absorbé par la conduite du combat l'établissement de trop nombreux comptes rendus. Des agents de transmission doivent être mis à sa disposition.

L'importance de cette mission exige que l'agent de liaison soit choisi avec soin et bien connu du chef au profit duquel il doit travailler.

D'autre part, il joue d'autant mieux son rôle qu'il connaît mieux l'unité auprès de laquelle il est détaché. Il y a, par suite, intérêt à ce que le même agent de liaison soit toujours envoyé auprès de la même unité.

30. Si le nombre d'agents de liaison à détacher par les chefs des unités indiquées ci-dessus est supérieur aux ressources dont ils disposent, ils les prélèvent sur les unités mêmes auprès desquelles ils les accréditent. Cette façon de faire ne modifie en rien le mode d'emploi et les devoirs de l'agent de liaison.

31. La même règle ne saurait être appliquée dans le *régiment*, le *bataillon* et la *compagnie* sans priver certains éléments de leur officier au moment même où sa présence est le plus nécessaire. La liaison est alors assurée par un gradé, détaché par l'unité subordonnée auprès de l'unité supérieure. Ce gradé est choisi de telle sorte que, dans des limites beaucoup plus restreintes, il soit capable de remplir un rôle analogue à celui de l'officier de liaison : il importe surtout qu'il sache comprendre une situation, retenir une explication et faire des comptes rendus précis à l'un ou à l'autre des chefs qu'il relie.

Le chef de *section* lui-même a besoin d'une liaison avec ceux des groupes qu'il ne peut plus commander à la voix ou suivre des yeux. Cette liaison peut être assurée par le serre-files (n° 248). Elle le sera le plus souvent par un soldat d'élite dont la mission, encore plus simple, se cumulera avec celle d'agent de transmission.

32. Indépendamment des comptes rendus écrits ou verbaux de l'agent de liaison détaché auprès de lui, le commandant de toute unité subordonnée a le devoir de faire parvenir à son chef immédiat, par les moyens qui lui sont propres, tous les rapports, comptes rendus et demandes utiles.

L'obligation qu'a le chef de se faire renseigner par un agent de liaison sur la situation de ses unités et celle qu'ont les commandants de ces unités de renseigner leur chef, créent ainsi, à la base de tout commandement, une *double liaison* qui doit fonctionner dans tous les combats.

33. Les agents de liaison échangés entre unités voisines correspondent à des besoins analogues. Ils sont chargés d'informer leur unité et l'unité où ils sont en mission de tout ce qui peut les intéresser. Ils doivent donc être mis à même de connaître, sans aucune restriction, la situation et les projets des deux unités qu'ils mettent en liaison.

L'observation.

34. Aucun compte rendu ne vaut, pour le chef engagé dans la bataille, les résultats de son observation directe. Aucun procédé de liaison n'est aussi rapide.

Malheureusement, les observatoires d'infanterie sont rares; astreint à les rechercher dans les limites où il doit se tenir pour conduire le combat, le chef d'une petite unité est souvent obligé de se contenter d'un point d'observation imparfait. C'est le plus près possible de ce point qu'il place son commandement.

Pour être fructueuse, l'observation doit être *continue*. Le chef est donc assisté par un nombre suffisant d'observateurs spécialisés.

L'organisation des observatoires est traitée dans l'*Instruction sur la liaison* (1).

Les uns sont consacrés à recueillir des renseignements sur la situation tactique des troupes et de l'ennemi (*observatoires de commandement*); les autres répondent aux besoins spéciaux de l'artillerie (*observatoires d'artillerie*).

LES TRANSMISSIONS.

BUT ET ORGANISATION.

35. Le chef, pour transmettre ses ordres, l'exécutant pour envoyer ses comptes rendus, emploient, parmi les divers **moyens de transmission** dont ils disposent (téléphone, si-

---

(1) Voir la note de la page 10

gnalisation, cavaliers, coureurs, pigeons-voyageurs, chars, T. S. F., etc.), celui ou ceux qui sont le mieux appropriés à la situation.

L'installation matérielle des moyens de transmission demandant du temps doit toujours être prévue à l'avance et non pas seulement au moment du besoin. Il est nécessaire d'organiser simultanément plusieurs moyens, comme si chacun d'eux devait fonctionner seul, les autres venant à faire défaut.

Parmi ces moyens, la préférence doit être donnée aux procédés scientifiques qui sont le moins influencés par les bouleversements du champ de bataille. On doit en généraliser l'étude pour qu'ils entrent dans les réflexes du chef.

Les artifices ont l'avantage d'être, dans leur rayon de visibilité, perçus instantanément par tous les intéressés à la fois; mais ce rayon peut être très réduit par la poussière et la fumée; en outre, leur emploi est peu sûr, l'ennemi les voyant également.

Tout commandant d'unité à partir de la compagnie se fait assister, pour être déchargé de certaines préoccupations techniques, par un **chef des transmissions**, dirigeant la mise en place des moyens et centralisant leur mise en œuvre.

Le fait que les moyens mécaniques de transmission ont fait défaut dans une circonstance donnée ne saurait excuser un chef d'être resté dans l'ignorance de modifications importantes survenues dans la situation de son unité ou des unités voisines et de n'avoir pas exercé sur la conduite des événements l'action personnelle nécessaire.

L'existence de ces moyens ne dispense pas le chef d'entrer fréquemment et personnellemnt en contact avec les unités subordonnées lorsqu'il n'est pas impérieusement retenu à son poste de combat.

RÈGLES DE TRANSMISSION.

36. La transmission des ordres doit suivre la voie hiérarchique sans omission d'aucun intermédiaire. Quand il y a urgence ou quand les procédés de transmission (par exemple les artifices, les pigeons, les avions, etc.) le nécessitent, les ordres et les comptes rendus peuvent être envoyés directement à l'échelon intéressé, *en même temps que transmis par la voie hiérarchique*. Au reçu d'une telle communication, le destinataire avise dans le plus bref délai, selon le cas, son chef ou son subordonné immédiat.

Les ordres et les comptes rendus sont en principe transmis par écrit. Suivant leur importance, ils sont simplement transportés par des **agents de transmission** ou, au contraire, confiés à des agents de liaison susceptibles de donner à leur sujet toutes les explications utiles.

DEVOIRS DES AGENTS DE TRANSMISSION.

37. Les **agents de transmission** porteurs d'ordre ont un rôle purement matériel : porter d'un point à un autre les comptes rendus ou les ordres.

L'autorité qui, exceptionnellement, envoie un ordre, un compte rendu ou un renseignement *verbal*, le fait toujours répéter intégralement ou même noter par celui qui est chargé de le transmettre. Les textes transmis verbalement doivent toujours être très courts. S'ils sont importants, ils sont, dès que possible, confirmés par écrit.

L'agent porteur d'un ordre ne se laisse détourner par aucun obstacle de l'accomplissement de sa mission. S'il est blessé, il fait appel à la fraction la plus voisine; le chef de celle-ci prend des mesures pour que l'ordre parvienne sans retard. A son arrivée, le porteur d'ordre remet le pli au destinataire ou à son suppléant. Il attend et au besoin demande l'accusé de réception ou la réponse. Il ne se retire jamais sans en avoir reçu l'ordre ou l'autorisation; il provoque cet ordre au besoin. Il va alors rendre compte à celui qui l'a envoyé et, dans le cas où aucune réponse n'a été faite par le destinataire, il se borne à dire « *Ordre transmis* » ou « *Compte rendu transmis* ».

Un agent de transmission a le devoir de toujours connaître soit l'emplacement des deux autorités ou des deux troupes entre lesquelles il fonctionne, soit leur itinéraire et le régime de leur marche, de manière à pouvoir les retrouver rapidement. Dans ce but, il observe le chemin par lequel il passe; il prend des points de repère en arrière, de façon à pouvoir sans hésitation le parcourir en sens inverse.

En cas de recherche infructueuse de l'autorité qu'il devait atteindre, il doit rejoindre l'autorité qu'il a quittée la dernière et lui en rendre compte.

CHAPITRE IV.

LES FORCES MORALES. — LE CHEF. LA TROUPE.

38. La **discipline** et la **solidarité** sont les qualités militaires primordiales; elles garantissent l'action du commandement et la convergence des efforts. Sans elles, les qualités personnelles : bravoure, ténacité, esprit de sacrifice risquent de s'employer en vain.

Les vertus guerrières sont entretenues par l'exaltation de deux sentiments : le **Patriotisme** et l'**Honneur.**

Les combats sont surtout des luttes morales.

Le moral est fait de confiance.

La défaite est inévitable dès que cesse l'espoir de vaincre.

A égalité de valeur technique et d'organisation matérielle, le succès revient toujours, en définitive, non pas à la troupe qui a subi le moins de pertes, mais à celle dont le moral résiste le mieux et le plus longtemps.

LA LIAISON MORALE ENTRE CHEFS ET SUBORDONNÉS

39. Le chef prépare sa troupe au combat; il l'engage; il la conduit et la commande jusqu'au bout.

Aucun des problèmes qui se présentent sur le champ de bataille ne peut être résolu par le seul courage des soldats. Les efforts isolés les plus méritoires s'achèveraient en sacrifices inutiles s'il ne se trouvait, à quelque échelon que ce soit, un chef capable de les coordonner jusqu'à la fin et d'assurer à la troupe des succès dignes de sa valeur.

Le chef développe l'initiative de ses subordonnés. Il les encourage à la mettre en œuvre dans une mesure d'autant plus grande qu'il a plus de confiance dans leur esprit de discipline et dans leur capacité professionnelle.

Etre discipliné, c'est adhérer avec conviction et sans réticence à la nécessité d'une loi commune, qui règle et coordonne les efforts.

Avoir de l'initiative, c'est exercer librement son activité dans le cadre de l'ordre reçu.

La capacité professionnelle doit se baser avant tout sur l'unité de doctrine : en face de circonstances identiques, des exécutants livrés à eux-mêmes agiront d'une manière semblable.

Ayant cultivé dans ce sens l'esprit militaire et les aptitudes professionnelles de ses subordonnés, le chef est assuré d'avoir avec eux une **liaison morale** telle, qu'elle survivra pendant le combat aux interruptions inévitables de la liaison matérielle.

LES QUALITÉS DU CHEF.

40. Le chef doit être *instruit*, *payer d'exemple*, *savoir commander*, *avoir le sens des possibilités*, et par-dessus tout, **avoir du caractère.**

Commander, c'est :

— *arrêter très nettement dans son propre esprit* **ce que l'on veut faire;**

— *l'exprimer* par des ordres clairs;

— *prévoir* les conditions d'exécution et les conséquences de sa décision;

— *se renseigner* à tout moment, pour pouvoir poursuivre la réalisation de sa décision au mieux des circonstances, selon la situation de ses propres forces et les agissements de l'ennemi;

— *déterminer* en conséquence et *adapter* constamment le mode d'emploi de ses forces et de ses moyens;

— *poursuivre jusqu'au bout* l'exécution de sa volonté.

41. Au combat, le chef agit sur les **éléments engagés,** dans la limite où il lui est possible de leur donner des ordres exécutables (N° 7). Et surtout, il fixe des missions appropriées aux éléments encore libres de leur action, c'est-à-dire à ses **réserves.**

Au cours du combat, il évite, sauf nécessité absolue, de revenir sur un ordre donné.

En tout temps, le chef s'applique à connaître les besoins de sa troupe pour les satisfaire, ses hauts faits pour les récompenser, ses faiblesses pour y porter remède. Il est juste, ferme et bienveillant; il exige que l'obéissance soit stricte : il fait comprendre et pratiquer la discipline et la solidarité.

Il ne saurait prévenir toutes les fautes individuelles; mais certaines fautes collectives sont souvent le résultat de l'imprévoyance ou des erreurs d'un chef.

Les seules fautes de commandement qui méritent toujours des reproches sont l'oubli de la mission reçue, l'inaction et la crainte des responsabilités.

LES QUALITÉS DE LA TROUPE.

42. C'est la valeur de la troupe qui, en dernier ressort, décide de la victoire.

Toutes ses qualités : discipline, instruction, habileté au tir, entraînement physique, aptitude manœuvrière et, par-dessus tout, esprit de sacrifice, sont des éléments indispensables pour assurer le succès.

La place qu'occupe l'infanterie dans le combat, le rôle capital qu'elle y joue, les dangers qu'elle y court et les pertes qu'elle y subit la rendent plus sensible que les autres armes aux émotions de la lutte. Il est donc tout particulièrement important que son moral soit fortement trempé et que ses chefs prennent soin de le maintenir au degré le plus élevé.

Au cours de la bataille, il ne suffit pas que les exécutants obéissent ponctuellement aux ordres reçus, car le chef ne peut, à tout moment, agir sur chacun d'eux. Il faut encore qu'ils aient de l'*initiative* pour prendre des décisions dans le sens de la volonté nettement exprimée du chef et qu'ils aient assez d'*instruction militaire* pour mener à bien la tâche qui s'impose à eux.

INFLUENCE DU CHEF SUR LA VALEUR DE LA TROUPE.

43. Le chef influe sur la valeur de la troupe en améliorant son instruction et en rehaussant son moral.

L'entretien du moral de la troupe est la tâche la plus délicate. Elle ne consiste pas seulement à faire appel, dans les circonstances critiques, aux vertus innées et aux qualités profondes de la race : honneur, esprit de devoir, amour de la Patrie et de la Liberté.

Elle comporte une culture patiente et suivie des qualités naturelles de chacun : sang-froid, goût de l'action et du risque, amour-propre, droiture de jugement.

Il faut que le combattant acquière confiance en ses armes, en sa propre habileté, en ses camarades et en ses chefs; il faut qu'il se sente aidé, qu'il sache apprécier le concours que lui apportent les autres unités du régiment, les autres armes, et aussi ses concitoyens à l'intérieur du pays. Sans lui faire mépriser la force de l'adversaire, il convient de mettre en relief toutes nos supériorités matérielles, intellectuelles et morales. Il importe aussi de le convaincre que le salut de la patrie dépend tout autant de son aptitude à supporter virilement les fatigues et les privations que de sa ténacité et de son entrain au feu.

Le chef s'efforce d'agir en ce sens sur l'esprit du soldat.

C'est en s'adressant à sa raison et à son âme, sans lui farder la vérité, qu'il obtient les résultats les plus solides.

Au combat, notamment, il ne craint pas de lui signaler les périls à courir, car un danger prévu impressionne moins que la surprise. Il lui montre qu'une fois en marche pour l'assaut, la meilleure manière de diminuer le danger consiste à aborder l'ennemi le plus tôt possible.

Enfin, *le chef influe heureusement sur le moral de sa troupe en la plaçant dans de bonnes conditions physiques.* Il a le souci constant de pourvoir à ses besoins avant de penser à lui-même.

CHAPITRE V.

DEVOIRS AU COMBAT.

44. Quels que soient les effectifs engagés, quelle que soit l'habileté des combinaisons du chef, il faut toujours sur certains points marcher coûte que coûte à l'ennemi et le chasser de sa position, ou bien résister jusqu'au bout et se faire tuer sur place.

Les officiers et les sous-officiers ont le devoir de s'employer avec énergie au maintien de la discipline et de retenir à leur place, *par tous les moyens*, les militaires sous leurs ordres; au besoin, ils forcent leur obéissance.

Il est interdit de mettre bas les armes sous prétexte que l'on est enveloppé. Des fractions de tout effectif, maîtresses de leur feu, peuvent tenir isolément pendant plusieurs jours. Les munitions épuisées, on fait un dernier effort à la baïonnette.

Quiconque renonce à la lutte avant d'avoir épuisé tous les moyens dont il dispose mérite châtiment.

Une troupe qui capitule en rase campagne est déshonorée: le chef est toujours responsable.

Il est interdit de se replier sous prétexte que l'on est débordé ou tourné, ou que l'on manque de munitions, ou que l'on voit le voisin se replier, ou qu'un ordre de repli est communiqué de bouche en bouche.

Le repli d'une troupe ne peut résulter que d'une manœuvre réglée par des ordres écrits ou de consignes d'avant-postes nettement spécifiées d'avance.

Pendant l'action, quiconque est en arrière de sa fraction sans y être chargé d'une mission explicite est traité comme un fuyard.

Un soldat que le feu ennemi a privé de ses camarades de combat doit se joindre au groupe le plus proche.

Il est interdit d'accompagner les blessés vers l'arrière. Ceux qui ne peuvent marcher seuls sont sommairement pansés et abrités sur place. Les hommes nommément autorisés à les secourir reprennent leur poste dès que les soins d'extrême urgence ont été donnés. Un blessé léger doit continuer à commander ou à combattre tant que ses forces le lui permettent.

Nul ne peut se porter en arrière, même pour les besoins du ravitaillement, sans un ordre précis de son chef. Les chefs évitent les mouvements simultanés de ravitailleurs qui peuvent donner de loin l'impression d'un repli.

Si l'ennemi attaque inopinément, tout mouvement d'avant en arrière est immédiatement suspendu. C'est ainsi que les groupes de travailleurs ou de ravitailleurs étrangers à l'unité et se trouvant en première ligne rallient le chef le plus voisin et combattent sous ses ordres. Les unités en cours de relève se doublent sous le commandement des chefs des unités relevées.

Le chef de toute unité en réserve ou en deuxième échelon a le devoir de regrouper les éléments dispersés qu'il peut rencontrer au cours de sa marche d'approche ou de son attaque. Selon les cas, il les fait ramener à leur place ou les emploie sous ses ordres.

En aucune circonstance, il n'est permis d'avoir avec l'ennemi quelque rapport que ce soit. Toutes ses tentatives de conversation doivent être considérées comme des pièges et repoussées à coups de fusil. Les hommes qui tomberaient entre ses mains peuvent faire connaître leur identité (nom, prénoms, grade, date et lieu de naissance), mais doivent opposer à toute autre question un silence complet : il y va non seulement du sort de l'opération projetée, mais de la vie de nombreux camarades.

Si les officiers et les gradés sont tombés, le plus brave surgit du rang et les remplace. Aucun groupe ne reste sans chef.

Ce sont les chefs qui animent le combat. Ils doivent être bien pénétrés de l'idée que leur première et leur plus belle mission consiste à donner l'exemple. Nulle part le soldat n'est plus obéissant et plus dévoué qu'au feu. Il a les yeux fixés sur ses chefs. Leur volonté, leur bravoure et leur sang-froid passent dans son âme et le rendent capable de tous les dévouements et de tous les sacrifices.

TITRE I.

GÉNÉRALITÉS SUR L'INFANTERIE

CHAPITRE I.

PROPRIÉTÉS DE L'INFANTERIE.

45. Seule arme complète, capable de combattre par le mouvement et par le feu, seule apte à lutter sur tous les terrains et en tout temps, le jour comme la nuit, l'infanterie est l'arme principale au profit de laquelle les autres s'emploient; aucune autre ne peut la remplacer dans l'exécution de la totalité de sa mission, savoir :

Conquérir le terrain avec l'aide de ses chars de combat, de l'artillerie, de l'aviation, etc., ou même simplement par ses propres moyens;

Détruire ou capturer l'ennemi qui l'occupe, tout au moins l'en chasser, le poursuivre et le désorganiser;

Conserver le terrain dont elle a pris possession; s'y installer définitivement, malgré les retours offensifs.

46. Pour conduire l'infanterie dans l'accomplissement de cette mission, il est indispensable de connaître exactement ses propriétés et les conditions générales de son emploi :

1° Contre les organisations fortifiées continues, bien défendues par des feux combinés, garnies de défenses accessoires, l'infanterie, non appuyée par des chars de combat, n'a, par elle-même, qu'une puissance extrêmement limitée.

Dans de telles circonstances, l'attaque doit être préparée et appuyée par une artillerie puissante.

En coopération avec des unités de chars, l'infanterie peut partir à l'attaque de pareilles positions avec une préparation d'artillerie très abrégée ou même sans préparation. Ainsi se trouve réalisée au maximum la surprise de l'ennemi.

L'attaque doit être ensuite poursuivie avec l'appui de l'artillerie.

2° Dans le combat de rencontre ou dans l'attaque d'une position discontinue, aux feux mal combinés, une infanterie manœuvrière garde, au contraire, même privée de l'aide des chars, une puissance offensive considérable.

Son armement propre lui permet, en effet, de poursuivre profondément sa progression en brisant les résistances locales, même lorsque l'appui d'artillerie lui fait plus ou moins défaut.

Accompagnée de chars, elle peut tout oser, quelle que soit la vigueur de la défense.

3° L'infanterie porte le poids le plus lourd du combat. Elle s'y use physiquement et moralement avec une grande rapidité. Aussi, plus qu'à toute autre arme, est-il indispensable de lui éviter les mouvements inutiles, les attentes prolongées, les contre-ordres, tout ce qui peut engendrer une fatigue non justifiée ou faire naître des doutes sur l'esprit de décision du commandement.

Il est non moins nécessaire d'opérer de fréquentes relèves; on y parvient grâce à l'échelonnement en profondeur des unités et des moyens de feu dont elles disposent.

4° Sous le feu, l'infanterie ne peut pas manœuvrer en formations denses. Dès qu'elle entre dans la zone d'action du feu ennemi, elle se dissémine. Le groupe de combat devient alors la base de ses formations. Chaque groupe progresse d'abri en abri, soit en bloc, soit par fractions, soit même homme par homme, suivant les couverts du terrain ou les lacunes constatées dans le feu de l'ennemi.

5° L'adoption des armes à tir automatique a substitué un feu mécanique, continu et puissant, au feu intermittent et inégal des tirailleurs. Mais le rendement des nouvelles armes n'est totalement exploité que si le feu est parfaitement *dirigé* et *conduit* (n° 266). Il en résulte, outre l'extrême importance de la formation des tireurs, la nécessité d'un encadrement très solide, qu'exige, d'autre part, la dilution très grande imposée par le feu adverse.

CHAPITRE II.

ARMEMENT ET MOYENS DE L'INFANTERIE.

FUSIL (1) ET BAIONNETTE.

47. Les caractéristiques du **fusil** sont :

— La grande précision de son tir;

(1) Ou mousqueton.

— une tension de trajectoire suffisante pour que tout homme debout soit atteint sur la totalité de la trajectoire de 600 mètres;

— une vitesse de tir pouvant atteindre 8 à 10 coups par minute sans sacrifier la précision;

— sa légèreté,

— sa maniabilité.

Le fusil est par suite l'arme du tir précis et ajusté, du *tir à tuer*, comme celle du tir inopiné, instantané.

Organisé pour recevoir la baïonnette, il est en outre l'arme du combat corps à corps. La baïonnette est l'arme principale du combat de nuit.

48. Ces caractéristiques font du fusil (ou du mousqueton) *l'arme individuelle par excellence.*

Le grenadier-voltigeur du groupe de combat l'utilise essentiellement pour exécuter, *en général de sa propre initiative,* un tir précis sur tout objectif se présentant dans les limites de portée où le feu peut être efficace.

Le tir du combattant armé du fusil est donc surtout un *tir individuel de grande précision.* Il peut être occasionnellement :

— un *tir au jugé*, exécuté dans de mauvaises conditions de visibilité, au crépuscule, dans le brouillard ou par temps de neige;

— un *tir instantané* sur un adversaire qui court ou qui se révèle brusquement à une très petite distance;

— un *tir de mêlée*, presque à bout portant.

Enfin, il peut être exceptionnellement nécessaire de concentrer les feux d'un certain nombre de fusils et de mousquetons, soit pour suppléer à l'absence ou au non fonctionnement des armes automatiques, soit pour concourir avec elles à l'exécution d'un *tir de surprise.*

Le **mousqueton** est plus léger et plus maniable que le fusil; il a une précision un peu moindre, mais une tension de trajectoire comparable.

FUSIL-MITRAILLEUR.

49. Les caractéristiques du F.-M. sont :

— une précision comparable, dans le tir coup par coup, à celle du fusil;

— une vitesse pratique de tir atteignant au maximum 120 coups par minute;

— un poids lui permettant, porté par un seul homme, de prendre part à toutes les actions offensives par des tirs exécutés soit de pied ferme, soit en marchant;

— une mobilité sur sa fourche ou sur appui se prêtant à des changements instantanés d'objectifs.

La précision du F.-M. diminue très rapidement au cours du tir automatique en raison de la faible stabilité de l'arme et des dépointages produits par la succession rapide des coups. En outre l'échauffement, dû à un tir rapide, risque de nuire au bon fonctionnement de l'arme.

Par suite, le *tir continu* est exceptionnel; le tir normal du F.-M. est le tir par *rafales* ne dépassant pas 7 à 8 cartouches.

50. Ces caractéristiques font du F.-M. *l'arme automatique des petites distances* (1) et, éventuellement, celle des moyennes distances.

Sa mission principale est de prendre sous le feu, aux petites distances, tout objectif qui s'oppose à la progression du groupe de combat ou qui se montre particulièrement menaçant pour ce groupe.

Il agit de même au profit des groupes de combat voisins, sous réserve que sa mission principale n'en souffre pas.

Sur des objectifs importants se présentant dans des conditions de vulnérabilité particulièrement favorables, le feu peut être exécuté jusqu'à la limite des moyennes distances.

Il est interdit de tirer au delà de 1.200 mètres.

Dans l'offensive, le F.-M. agit en général droit devant lui en tirant sur tout objectif qui se présente devant le groupe de combat, en balayant les obstacles derrière lesquels l'ennemi est abrité de façon à l'obliger à rester terré, en fouillant les couverts qui pourraient masquer ses mouvements.

Pendant la phase du combat qui précède l'assaut et au cours de celui-ci, le tir peut être exécuté en marchant.

Dans la défensive, la mission principale du F.-M. est de faire des feux de barrage. Ces barrages doivent non seulement être tendus devant le front du groupe de combat, mais encore se croiser avec les barrages des groupes voisins.

---

(1) Petites distances : jusqu'à 600 mètres.
Moyennes distances : de 600 à 1 200 mètres.
Grandes distances : de 1.200 mètres à l'extrême portée de l'arme.

Le but à atteindre est qu'il n'y ait aucun cheminement non battu en avant du front, et que, si ce front est entamé, l'ennemi ait encore à subir le feu d'éléments placés en arrière.

Ce but est commun aux F.-M. et aux mitrailleuses. Leur action doit, par conséquent, être combinée; les missions qui exigent des feux très nourris, très précis ou lointains, incombent de préférence aux mitrailleuses; les autres conviennent aux F.-M.

MITRAILLEUSE.

51. Les caractéristiques de la mitrailleuse sont :

— une précision se conservant jusqu'aux grandes distances et presque indépendante de la durée du tir;

— une parfaite stabilité en batterie assurant l'exécution sans danger de tirs directs par-dessus les troupes ou à travers des intervalles relativement étroits et de tirs indirects jusqu'à 3.500 mètres;

— une cadence de 400 à 500 coups par minute et une vitesse pratique de tir de 250 coups;

— un poids lui permettant d'être portée à dos d'homme sur le champ de bataille et d'accompagner de très près la progression des premiers échelons;

— une organisation de l'affût-trépied permettant de réaliser au besoin des changements d'objectifs de grande amplitude et de combiner des concentrations de feux très efficaces;

— une continuité de feux violents d'un effet moral considérable.

52. Ces caractéristiques font de la mitrailleuse l'arme la plus puissante de l'infanterie. Moins mobile et plus visible que le F.-M., elle peut, par contre, agir de plus loin, ce qui atténue ces inconvénients; sa précision aux grandes distances facilite la mise en batterie en arrière ou sur les flancs de l'unité qu'elle renforce, ce qui donne plus de champ pour choisir son emplacement; en outre, les pièces tirant obliquement ou latéralement produisent un effet de surprise plus impressionnant et elles sont plus difficiles à découvrir que si elles tiraient de front.

Dans l'offensive, toutes les missions de feux lui conviennent, sous réserve qu'on lui ménage le temps d'arriver et qu'on ne l'expose pas sans nécessité absolue. Ses tirs de protection complètent les tirs d'arrêt de l'artillerie et au besoin les remplacent lorsque l'enchevêtrement des lignes rend difficile la définition exacte du front.

Dans la défensive, les mitrailleuses échelonnées constituent l'ossature du *système profond de feux puissants, se recoupant à bonne portée*, qui permet seul de tenir solidement le terrain.

La mitrailleuse est, par excellence, l'arme des flanquements aux moyennes et grandes distances et, quelle que soit la distance, de tous les flanquements importants. En toutes circonstances, elle peut exécuter des tirs de harcèlement et d'interdiction sur les voies d'accès ou places de rassemblement de l'ennemi, des feux de concentration sur des points fixés et des tirs contre les avions volant bas.

53. Pour employer la mitrailleuse à bon escient, il est essentiel de tenir compte des remarques suivantes :

La manœuvre de la mitrailleuse se réduit à tirer et à changer d'emplacement de tir. Le groupe de mitrailleuses n'est pas organisé, comme l'est le groupe de combat, pour des combinaisons plus variées de mouvement et de feu.

La mitrailleuse n'agit donc jamais pour elle-même, mais toujours au profit des autres éléments d'infanterie, seuls dépositaires de la mission complète et seuls capables d'en mener à bonne fin l'accomplissement.

GRENADES A MAIN.

54. Les grenades à main peuvent être lancées à une distance de 30 à 40 mètres. Leurs effets sont variables selon leur nature.

La **grenade offensive** produit peu d'éclats; son action est limitée au seul effet de la charge d'explosif qu'elle contient et est, de ce fait, très localisée; sa zone d'efficacité ne s'étend pas à plus de 8 à 10 mètres du point d'éclatement.

Elle peut être employée, dans le combat rapproché, en terrain découvert et notamment au cours d'un assaut, sans que le grenadier risque d'être blessé par des éclats dangereux. Elle lui permet d'atteindre un adversaire abrité et de progresser en terrain découvert comme en terrain bouleversé ou organisé, en suivant au plus près l'éclatement de ses propres grenades; mais, en raison de son faible rendement, elle doit être employée en quantité relativement considérable pour obtenir l'effet utile recherché.

La **grenade défensive** explose en donnant des éclats nombreux et meurtriers, qui sont dangereux à plus de 100 mètres du point d'éclatement. Il convient de ne la lancer que d'un emplacement bien protégé contre les éclats en retour.

Elle permet de réaliser des barrages à courte distance contre un ennemi qui se défile dans des angles morts ou derrière des obstacles pour s'approcher des organes délicats de la défense : saillants, emplacements de F.-M. et de mitrailleuses, postes de commandement, débouchés de cheminements, d'abris, de boyaux, etc...

Le fusil doit toujours lui être préféré contre un ennemi qui s'avance à découvert.

Les grenades **suffocantes, incendiaires** et **fumigènes** sont des engins de nettoyage et de destruction (1).

55. L'action à la grenade est un procédé de combat supplémentaire mis à la disposition du groupe de combat et lui permettant, à très courte distance, de forcer les résistances de l'ennemi ou de briser l'élan de ce dernier, quand les armes à tir tendu sont devenues momentanément impuissantes.

Le nombre de grenades que le groupe de combat peut emporter avec lui est faible et le ravitaillement en grenades, au cours de l'action, est difficile. Par suite, la lutte à la grenade est, en général, pour le groupe de combat un épisode de courte durée.

Pendant la plus grande partie de l'action, les grenadiers-voltigeurs combattent avec leur fusil ou leur mousqueton et n'interviennent avec la grenade que si son emploi s'impose.

GRENADE A FUSIL.

56. La **grenade à fusil** V. B. peut être lancée aux distances comprises entre 85 à 190 metres. Ses effets sont ceux d'une grenade défensive. Le grenadier V. B. du groupe de combat combat le plus souvent avec son fusil. Il intervient avec son engin si la nécessité d'un tir plongeant s'impose dans les limites de distances indiquées plus haut.

Dans l'offensive, la grenade V. B. est avantageusement employée, grâce à la courbure de sa trajectoire, pour battre les nids de résistance de l'adversaire; son action, secondée par un feu violent de l'armement à tir tendu du groupe de combat, peut être décisive. Combinée avec la grenade à main, elle permet de couper **la retraite aux défenseurs** en même temps qu'elle s'oppose à l'arrivée des renforts et des ravitailleurs.

---

(1) Voir l'*Instruction provisoire sur la pratique du tir* (IVe Partie).

Dans la défensive, elle constitue un excellent engin de barrage et de harcèlement.

L'effet utile de la grenade V. B. est considérable si elle est employée par concentration de feux.

PISTOLET ET REVOLVER.

57. Le **pistolet** et le **revolver** sont des armes de corps à corps et de combat aux très petites distances.

La vitesse de tir peut atteindre, pour le pistolet, 18 coups par minute et, pour le revolver, 12 coups par minute.

La précision et la puissance de leur projectile, très bonnes aux courtes distances, diminuent très rapidement quand la portée augmente et sont très médiocres aux distances supérieures à 50 mètres.

CANON DE 37.

58. Le **canon de 37** a une portée utile voisine de 2.000 mètres. Il tire un obus de rupture et un obus explosif dont les effets sont comparables à ceux d'une grenade possédant avant son éclatement une grande force de pénétration.

Ses caractéristiques sont :

— une extrême précision;

— une grande rapidité de réglage;

— la possibilité de faire du tir masqué;

— une mobilité suffisante pour suivre l'infanterie dans toutes les circonstances du combat;

— une légèreté de projectile facilitant le ravitaillement.

Le canon de 37 est une arme redoutable pour les mitrailleuses visibles.

Il peut également donner des résultats appréciables contre les troupes, s'il les prend d'enfilade.

MORTIER D'ACCOMPAGNEMENT D'INFANTERIE.

59. Le **mortier d'accompagnement** lance à plus de 1.600 mètres un projectile de 3 à 4 kilogrammes.

Comparées à celles du canon de 37, ses caractéristiques sont :

— une précision beaucoup moindre et un réglage plus délicat;

— une vitesse pratique de tir et une mobilité analogues;

— un projectile beaucoup plus puissant, mais dépourvu de pénétration et d'un poids rendant le ravitaillement difficile;

— une trajectoire dont la courbure permet d'atteindre des objectifs fortement défilés et de tirer par-dessus les troupes ainsi que du fond d'une tranchée.

Dans l'offensive, le mortier est éminemment propre à fouiller les angles morts, à détruire ou à neutraliser les mitrailleuses et les engins rapprochés. Son tir à obus fumigènes facilite les manœuvres destinées à faire tomber les résistances localisées.

Dans la défensive, il est susceptible d'apporter un appoint puissant aux barrages exécutés par l'infanterie, grâce à la rapidité de son tir combinée avec sa grande aptitude à faire du fauchage.

Il est souvent indiqué d'employer le mortier d'accompagnement en batteries de plusieurs pièces.

Le canon de 37 et le mortier d'infanterie permettent de résoudre un certain nombre de problèmes en face desquels l'artillerie est impuissante, par suite du manque de temps ou de précisions.

CHARS DE COMBAT.

60. Les **chars de combat** sont destinés à faciliter le mouvement en avant de l'infanterie en brisant les obstacles passifs ou les résistances actives qui se présentent sur le terrain du combat.

Le **char léger** du modèle le plus courant est armé d'une mitrailleuse ou d'un canon de 37. Sa vitesse de marche s'échelonne pratiquement entre un et cinq kilomètres à l'heure. Il peut gravir une pente de 100 p. 100, écraser les réseaux de fil de fer et les défenses accessoires usuelles, jeter à bas des murs de moins de 0m,40 d'épaisseur, franchir une coupure à bords francs de 1m,80 ou un blanc d'eau de 0m,70 de profondeur.

En terrain meuble ou par mauvais temps, les capacités de franchissement ci-dessus indiquées sont à réduire fortement.

Les terrains bouleversés par le tir prolongé de l'artillerie de gros calibre, les lacis de tranchées profondes et très larges constituent des obstacles infranchissables au char léger.

Son approvisionnement en essence lui permet de marcher pendant huit heures environ.

Il est invulnérable aux balles ordinaires et aux éclats d'obus.

Le bruit qu'il produit s'entend à une distance de 300 à 600 mètres.

Il constitue un objectif difficile à soustraire aux vues à partir du moment où il est dévoilé.

Son équipage est placé dans de médiocres conditions pour observer et pour pointer.

61. Le char léger ne combat jamais seul, mais par *sections* comprenant 5 appareils (3 chars canons et 2 chars mitrailleuses). La section de chars légers constitue l'unité de combat et ne doit pas être fractionnée.

62. Les caractéristiques des chars légers en font des engins d'infanterie presque irrésistibles lorsqu'ils sont employés en masse, par surprise, dans un terrain praticable, lorsque leur action s'exerce dans une opération régulièrement montée, au profit d'une infanterie courageuse et instruite.

Ils sont exclusivement destinés à tirer à vue directe et d'aussi près que possible sur les buts choisis.

Ils sont impuissants à conquérir et à conserver à eux seuls le terrain; ils ont besoin du concours immédiat de l'infanterie.

Il leur faut d'abord être protégés.

L'appui de l'infanterie et de l'artillerie est indispensable pour contrebattre les moyens de feu de l'adversaire : mitrailleuses, fusils, canons, engins anti-chars.

En outre, les chars demandent à l'infanterie :

— de prendre le contact de l'ennemi, de reconnaître, de localiser et d'indiquer les résistances qui nécessitent leur intervention, mais que leurs propriétés, et spécialement leurs conditions médiocres d'observation, ne leur permettent pas de déterminer eux-mêmes;

— de conquérir et d'occuper le terrain dans leurs traces immédiates. Sinon des résistances ennemies, qui souvent se taisent ou se masquent à leur approche, se révéleraient après leur passage, arrêteraient l'infanterie et exposeraient les chars isolés à la destruction;

— de leur ménager des points de passage au travers des obstacles qu'ils ne peuvent franchir par leurs propres moyens.

63. Il résulte de ce qui précède que les chars sont incapables de mener le combat à eux seuls. Mais ils constituent un renfort extrêmement précieux et puissant donné à l'infanterie, dont ils augmentent *momentanément* la capacité de feu et de mouvement.

Le rôle des chars commence au moment où l'infanterie est à distance d'assaut. Les chars manœuvrent alors les résistances que celle-ci rencontre, en coopération étroite avec les unités qui ont reçu la même mission.

Dans les limites de leur provision d'essence, les chars sont susceptibles d'accompagner l'attaque au cours d'une progression continue visant la conquête d'une zone profonde et s'étendant tout au moins jusqu'aux positions de l'artillerie légère adverse.

Les chars courent de grands dangers s'ils se dévoilent prématurément et s'ils sont retenus tardivement sur le terrain de combat, leur rôle terminé. Ils ont leur complet rendement si l'infanterie progresse au milieu d'eux, exploite *immédiatement* pour sa manœuvre les destructions qu'ils ont opérées, leur indique les nouvelles résistances à briser, et, à l'occasion, facilite leur progression matérielle et les protège.

Ils s'useraient en pure perte s'ils s'obstinaient à entraîner en avant une infanterie qui ne peut plus avancer ou si l'infanterie ne prenait pas à sa charge, dans le plus bref délai, la conservation du terrain, pour leur permettre d'aller se reconstituer à l'arrière.

Ces conditions d'emploi exigent entre chars et infanterie une coopération minutieusement concertée d'avance : elle est assurée par la subordination, au combat, de l'unité de chars au commandant de la troupe d'attaque, jusqu'à l'échelon « bataillon d'infanterie » inclusivement.

64. Le char de combat n'a pas d'emploi dans la défensive, sauf dans les contre-attaques.

CHAPITRE III.

PHYSIONOMIE DU COMBAT D'INFANTERIE.

GÉNÉRALITÉS.

65. La physionomie du combat d'infanterie est décrite ci-après dans le cas le plus général d'un combat ayant un but offensif et comportant, au cours de son développement, l'emploi de procédés offensifs comme celui de procédés défensifs.

Un combat peut durer fort longtemps et ses phases peuvent ne s'enchaîner qu'après des interruptions de plusieurs jours, sinon de plusieurs semaines, pendant lesquelles les éléments avancés restent sur la défensive. Par exemple, l'attaque succède parfois à l'approche après une certaine attente, et même après une longue stabilisation, nécessaire à la réunion de nouveaux moyens ou à la réalisation d'une manœuvre stratégique ou tactique sur un autre point.

L'exposé qui suit ne suppose donc nécessairement ni que les épisodes de combat se succèdent étroitement, ni que ce sont les mêmes troupes qui les mènent de bout en bout (1).

Le détail des procédés défensifs qu'on peut être amené à employer au cours de tout combat et qui prédominent dans les combats d'une troupe momentanément sur la défensive fait plus spécialement l'objet du titre III.

66. Que l'infanterie ait devant elle un terrain :

— libre d'obstacles artificiels,

— à demi couvert d'organisations improvisées,

— couvert de fortifications de campagne,

attaquer, c'est toujours : **progresser d'objectif en objectif dans la direction assignée.**

Dans son ensemble, le combat consiste à porter l'infanterie d'une certaine base de départ dont on est solidement maître, sur une autre base, d'où l'on repartira dans les mêmes conditions. La base de départ peut être complètement organisée ou consister en un simple couvert.

L'étendue de ces étapes successives est en relation avec la diminution des obstacles opposés à l'attaque et de la puissance des moyens employés par l'ennemi. Au delà de la zone dans laquelle l'adversaire a accumulé ses principaux moyens de résistance, la succession des objectifs peut même disparaître et être remplacée par des indications de direction.

67. L'infanterie, immédiatement secondée par ses chars, a, en outre, comme aides, l'artillerie et l'aviation.

Les chars coopèrent à l'attaque comme il est indiqué aux nos 287 à 313.

---

(1) Lorsque, dans l'exposé du combat, on évoquera les réactions de l'ennemi sous la forme de *feux*, il faut entendre par cette expression l'emploi de tous les moyens de destruction tels que projectiles d'infanterie, d'artillerie, d'avions, gaz, etc...

Avant l'attaque, l'artillerie détruit ou neutralise; pendant l'attaque, elle appuie la progression, en neutralisant principalement les organes de résistance directement opposés à l'infanterie; après la conquête de l'objectif, elle protège l'infanterie contre les tentatives de réaction de l'adversaire.

L'aviation travaille au profit du commandement comme organe de reconnaissance et de liaison.

Dans l'attaque même, elle intervient par des avions audacieux, volant bas, mitraillant et bombardant l'infanterie ennemie, notamment les réserves, ainsi que les batteries en action.

ROLE TACTIQUE DES CHEFS AU COMBAT.

68. A tous les échelons, le chef d'infanterie a les devoirs suivants :

— se pénétrer de sa mission;

— concevoir sa manœuvre;

— déterminer le dispositif d'attaque de son unité;

— faire tous les préparatifs dans le secret, pour réaliser la surprise;

— fixer la mission de ses subordonnés et pourvoir ceux-ci des moyens nécessaires;

— les ravitailler par la suite;

— assurer la sûreté de son unité pendant le combat;

— veiller aux liaisons et au bon fonctionnement des transmissions;

— garder des réserves; s'efforcer de les reconstituer si elles ont été employées;

— ne jamais cesser de conduire le combat de son unité;

— exploiter rapidement les succès tactiques obtenus;

— assurer la conservation du contact.

DIVISIONS DU COMBAT D'INFANTERIE.

69. Les principales phases du combat d'infanterie sont :

l'approche,

la prise de contact,

l'attaque (comprenant l'assaut),

la conservation du terrain conquis ou l'exploitation du succès.

70. L'approche a lieu :

— ou bien avant toute prise de contact de l'infanterie par l'infanterie;

— ou bien derrière des troupes déjà au contact.

Dans l'approche, l'infanterie n'a pas à faire usage de son propre feu, soit parce qu'elle ne souffre que peu ou point de celui de l'infanterie ennemie, soit parce que la présence de troupes amies devant elle l'empêche de tirer. Mais elle a à prendre toutes précautions pour se garantir des effets du feu de l'artillerie et de l'aviation adverses et même, dans une certaine mesure, de feux de mitrailleuses faisant du tir à grande distance.

La **prise de contact** est marquée par l'obligation pour les fractions avancées de l'infanterie de se déployer pour répondre au feu de l'ennemi : la progression ne peut plus être poursuivie que grâce à la combinaison du mouvement et d'un feu aussi nourri que l'exige la résistance des premiers éléments rencontrés. Le premier échelon de l'infanterie *s'engage* peu à peu tout entier dans un véritable combat de reconnaissance pour préciser le *contact*, c'est-à-dire pour rechercher sur le terrain l'emplacement, la nature et la force du dispositif qu'il a devant lui (N° 16).

L'attaque est une action d'ensemble ayant pour but la rupture du dispositif dont on a pris le contact. Elle est précédée d'une mise en place des moyens, tantôt faite à loisir, tantôt accélérée.

L'assaut est une crise violente et décisive de l'attaque. Il a lieu au début de l'attaque, lorsque l'approche et la prise de contact ont bloqué les deux lignes l'une contre l'autre à très faible distance; c'est, en tout cas, son aboutissement inévitable lorsque la volonté de l'adversaire n'a pas fléchi.

Il implique chez l'assaillant la volonté bien arrêtée d'aller au corps à corps si la *manœuvre* et la *menace* n'ont pas suffi pour avoir raison de l'ennemi et pour s'installer sur le terrain même qu'il occupait.

Les épisodes courts et brutaux de l'assaut peuvent se répéter plusieurs fois au cours d'une même attaque et n'intéressent pas nécessairement en même temps tout le premier échelon de l'assaillant. Un assaut n'offre le tableau d'un élan général de la troupe d'attaque que si l'adversaire a disposé ses résistances sur une ligne continue, à proximité immédiate de laquelle le premier échelon de l'attaque est partout parvenu.

En général, ces résistances sont espacées en largeur et en profondeur. Il en résulte des assauts partiels menés en leur temps par les fractions d'infanterie intéressées.

L'attaque est donc une progression par le feu, entremêlée d'assauts et se continuant jusqu'à l'objectif fixé.

71. Quand elle a conquis l'objectif, l'infanterie le *nettoie d'ennemis*, l'*occupe*, l'*organise*, le *conserve* et *maintient le contact* dans la direction assignée.

L'**exploitation du succès** prend la forme de nouveaux combats de reconnaissance, si l'ennemi se retire en ordre, ou d'une poursuite sans répit visant à sa désorganisation complète ou à sa capitulation, s'il est en retraite désordonnée ou en déroute.

APPROCHE AVANT LA PRISE DE CONTACT.

72. La plupart des mouvements qu'exécutent les grandes unités pour se porter à la bataille ont lieu la nuit.

Au contraire, pour les unités en couverture et chargées de prendre le contact terrestre de l'ennemi, l'approche faite de jour est d'un usage normal et inévitable. Elle suppose une coopération étroite avec l'aviation amie, dont le rôle d'investigation et de protection est de plus en plus important à mesure que les avions ennemis peuvent étendre davantage leur rayon et leurs moyens d'action.

Les formations indiquées plus loin concernent les troupes d'infanterie que leur mission appelle à marcher le jour et en pleins champs à la recherche du contact.

73. Ces troupes s'avancent à la rencontre d'un ennemi qui occupe des organisations plus ou moins bien connues ou qui est lui-même en marche.

Les feux de l'artillerie à longue portée et de l'aviation adverses sont d'abord seuls à craindre. Ils obligent l'infanterie à abandonner de très loin la **formation de route** pour prendre une **formation d'approche.**

La recherche de l'invisibilité est le meilleur moyen d'échapper à ces feux.

La formation choisie doit permettre aux unités d'utiliser les moindres ondulations et couverts du sol pour se dissimuler. Elle doit se prêter aisément à des modifications de directions et de fronts de marche, les directions d'attaque et les zones des unités pouvant n'être définitivement arrêtées qu'après la prise de contact. Elle doit encore n'exposer aux effets d'un même projectile que des fractions d'un faible effectif.

Ces conditions sont satisfaites si les unités (régiments, bataillons et même compagnies) sont réparties sur plusieurs échelons et ont entre elles de très larges intervalles et si, dans chaque échelon, on fait usage de colonnes aussi articulées en largeur et en profondeur que le permet l'exercice du commandement.

Une telle disposition retarde le mélange des unités, favorise la prise de contact sur un large front et évite les convergences de feux sur des colonnes trop denses. Elle ne s'oppose pas à l'utilisation du terrain, mais elle nécessite des directions de marche bien choisies et clairement indiquées à chaque unité.

74. Le dispositif se transporte successivement et par larges bonds en se modifiant, s'il y a lieu, au fur et à mesure de la progression.

Il est couvert en avant par son premier échelon qui, poussé en **avant-garde** à bonne distance, a pour mission de prendre le contact et d'éviter toute surprise.

Il est également couvert dans les autres directions par des détachements dont l'effectif est en rapport avec les dangers que l'on redoute.

PRISE DE CONTACT.

75. Les unités d'avant-garde sont elles-mêmes précédées d'éléments légers opérant à grande distance (aviation, cavalerie) ou à distance plus rapprochée (éclaireurs montés, patrouilles, etc.); ces éléments sont disposés en largeur de telle sorte que tous les points importants du terrain soient explorés.

Leur progression leur attire des coups de feu qui permettent de jalonner peu à peu une ligne au delà de laquelle on ne peut plus avancer sans tirer.

Cette première résistance peut être celle de faibles éléments largement espacés et poussés très loin en avant du gros de l'ennemi, pour donner le change sur son emplacement ou sur la progression qu'il exécute lui-même.

Les unités d'avant-garde les attaquent sans tarder.

Le combat qui s'engage est un combat de reconnaissance ayant pour but de percer cette première zone, de prendre un contact *aussi profond que possible* et d'arriver à déterminer le contour de la véritable résistance.

Parmi les fractions (sections, groupes) qui constituent le premier échelon de la formation de combat, les unes se heurtent à un élément avancé, les autres trouvent la voie libre et en profitent pour s'infiltrer hardiment dans les couloirs non battus. Les points d'où part le feu deviennent l'objectif de l'unité qui les a trouvés devant elle. Çà et là, interviennent successivement les mitrailleuses, les engins d'accompagnement et même l'artillerie de l'avant-garde, jusqu'à ce que l'organe de résistance soit mis hors de cause.

Pendant ce temps, les fractions non arrêtées poursuivent leur avance et concourent par là même à la réduction des résistances isolées.

Il se produit ainsi sur tout le front d'engagement une infiltration ininterrompue de petits éléments qui se glissent partout où ils le peuvent, masquant et débordant les points occupés, sans autre souci que d'avancer par les espaces libres ou de moindre résistance.

76. Il arrive un moment où cette infiltration n'est plus possible, l'ennemi tenant tête partout et ses feux barrant la route, sans que les unités d'avant-garde puissent les éteindre par leurs seuls moyens.

A ce moment, l'infanterie a vraisemblablement franchi les avancées de la position de l'ennemi ou la zone dans laquelle se mouvaient ses avant-gardes; elle se trouve désormais arrêtée par des résistances solides et continues qu'elle ne pourra forcer qu'avec l'appui de l'artillerie ou l'aide des chars.

Le contact est étroitement pris. A une marche dans l'inconnu va succéder une attaque méthodique contre des objectifs que l'on sait occupés. L'avant-garde organise la ligne extrême qu'elle a pu atteindre et qui servira de base de départ aux troupes chargées de mener le combat par la suite.

APPROCHE DERRIÈRE DES TROUPES AU CONTACT.

77. Les unités qui pénètrent sur le terrain du combat lorsque le contact est pris ont généralement à exécuter leur approche en face d'un adversaire vigilant, occupant une position organisée et disposant de tous ses moyens de feu.

C'est alors une opération d'autant plus délicate que l'approche amène la troupe non seulement dans la zone des feux d'artillerie, mais encore dans celle des feux d'infanterie, sans qu'elle puisse riposter à ces derniers. On ne peut en concevoir l'exécution *de jour* qu'après une préparation d'artillerie ayant eu pour résultat la destruction ou tout au moins la neutralisation à peu près complète des défenseurs et un affaiblissement considérable de la puissance de leur artillerie. Il faut encore supposer l'aviation peu active ou suffisamment neutralisée.

La progression sera évidemment plus aisée si les troupes derrière lesquelles se fait l'approche sont, non seulement au contact, mais en plein combat, attirant ainsi sur elles la majeure partie des moyens de l'adversaire.

Quoi qu'il en soit, les difficultés de l'opération sont telles que l'on cherchera, sauf urgence, à l'exécuter *à la faveur de l'obscurité*. On ne négligera, même la nuit, aucun des avantages que procurent la dissémination et l'échelonnement des unités.

78. Dans une semblable marche d'approche, les seules préoccupations sont de ne pas perdre la direction, d'éviter l'enchevêtrement des unités et les pertes. L'avant-garde se réduit à un dispositif très léger, ayant surtout pour mission la recherche des itinéraires. Les zones d'action des unités de tête sont déjà connues, approximativement ou définitivement. Il en résulte que ces unités marcheront sur un front généralement plus réduit que dans une approche précédant un combat de rencontre. Elles prendront un dispositif se prêtant d'avance à la mise en place ou au dépassement qui vont être exécutés.

Le souci de maintenir *l'ordre* au cours d'une marche à travers champs parfois longue entraîne certaines précautions. Entre unités marchant parallèlement, il est bon d'intercaler un petit détachement de liaison (N° 339). Dans les unités elles-mêmes, le maintien de chaque homme à sa place fait l'objet de toute l'attention des serre-files.

Parfois, pour franchir des barrages par les points où ils présentent des lacunes, des unités de l'importance de la compagnie ou du bataillon auront à se ployer en une ou deux colonnes et à reprendre, aussitôt après, l'espacement primitif.

ATTAQUE AU DÉBOUCHÉ D'UNE BASE DE DÉPART.

79. Dans ce cas, à moins que l'ennemi ne se dérobe au dernier moment, l'attaque se confond immédiatement avec l'assaut (N° 70) pour la plupart des fractions du premier échelon.

Quel que soit le degré d'aménagement de la base de départ,

toutes les dispositions prises tendent à ce que les troupes d'attaque en débouchent non seulement *par surprise*, mais encore avec *ordre* et *ensemble*.

L'organisation d'une base de départ constituée par des ouvrages en terre et des abris, correspond au cas d'un équipement offensif préparé longtemps à l'avance.

En principe, aucun travail nouveau et aucun mouvement ne doivent être apparents immédiatement avant une attaque. Il faut, à tout prix, garantir le secret de l'opération et réaliser la surprise au moment de l'assaut.

La mise en place de l'infanterie au dernier moment et à l'insu de l'ennemi permet de réduire au minimum et même souvent de supprimer l'aménagement matériel de la base de départ.

Cette base n'en doit pas moins être nettement définie sur le terrain, afin de servir au besoin de recueil en cas d'insuccès. A cet effet, elle doit être tenue par des éléments ayant la connaissance du terrain qu'ils sont appelés à occuper. La mission de ces éléments cesse lorsque la troupe d'attaque a solidement établi sur le terrain conquis une autre ligne pouvant remplir le même office.

Le choix de la base de départ et le dispositif des troupes qui l'occupent sont fixés de telle sorte que l'infanterie puisse faire irruption, d'un seul élan, dans les premières organisations ennemies.

L'assaut est donné à une heure ou à un signal fixé, soit sous le couvert de feux puissants d'artillerie, soit avec l'appui des chars de combat, soit avec les deux éléments à la fois.

80. En vue de soustraire plus sûrement les éléments de queue des unités d'attaque à l'action de l'artillerie ennemie, il y a souvent intérêt à resserrer le dispositif sur la tête. La formation de combat échelonnée est prise, en ce cas, après franchissement de la zone soumise aux tirs d'arrêt efficaces, parce que réglés; c'est là une évolution assez délicate et, en regard de ses avantages, il faut considérer que toute densité excessive peut devenir la cause de grosses pertes.

Aussi, ce resserrement sur la tête n'est-il nettement indiqué que dans les circonstances où l'on peut espérer la surprise absolue, avec ou sans accompagnement de chars, et où la préparation de l'artillerie a été réduite ou même supprimée.

Dans les autres cas, le commandement prend sa décision en considérant la valeur de l'abri offert par la base de départ et les limites en deçà desquelles l'ennemi ne pourrait tirer sans atteindre ses propres troupes.

81. *La formation d'approche* et la *formation d'attaque* diffèrent en ce que la première se propose seulement de soustraire le plus possible les échelons avancés aux effets du feu ennemi, tandis que la seconde doit surtout leur permettre de fournir en avant d'eux tous les feux nécessaires.

82. Toute formation d'attaque comprend d'abord un **échelon de feu,** dont font nécessairement partie tous les groupes de combat appelés à fournir des feux de front.

Derrière l'échelon de feu viennent des réserves, disposées sur un et quelquefois sur deux échelons. Si la compagnie est en pointe, ou si les compagnies encadrantes sont à des intervalles suffisants, certains groupes du deuxième échelon et exceptionnellement du troisième peuvent fournir des feux

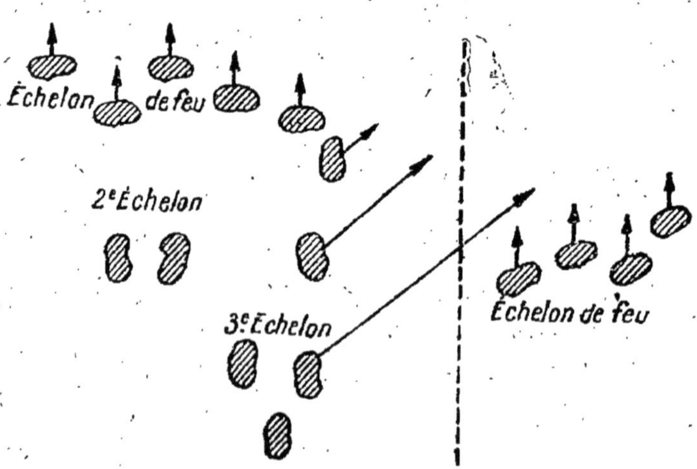

Fig. 1.

sur les flancs du premier (fig. 1). En dehors de ce cas particulier, les groupes qui ont à tirer doivent être portés préalablement à l'échelon de feu.

Bien que les plus avancés seuls puissent normalement tirer, l'ensemble des groupes appartenant à l'échelon de feu et aux premiers échelons des réserves offre la figure générale d'un *quinconce* irrégulier, en sorte que si quelques groupes de tête viennent à être mis hors de cause, leur feu se trouve immédiatement remplacé par celui des groupes qu'ils masquaient jusque-là (fig. 2).

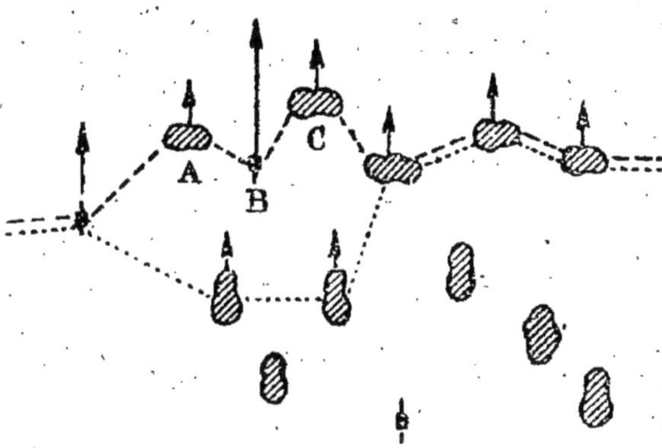

Fig. 2.

83. Les mitrailleuses peuvent tirer soit par-dessus plusieurs échelons si le terrain s'y prête, soit par des intervalles relativement faibles, grâce à la stabilité que leur procure leur affût-trépied.

84. *Il est toutefois de règle que les feux des groupes ou des mitrailleuses en retrait ne doivent être exécutés qu'autant qu'ils ne sont pas susceptibles de gêner dans leur progression les groupes les plus avancés.*

85. L'échelon de feu possède une certaine profondeur. Les groupes y forment une ligne très irrégulière présentant des

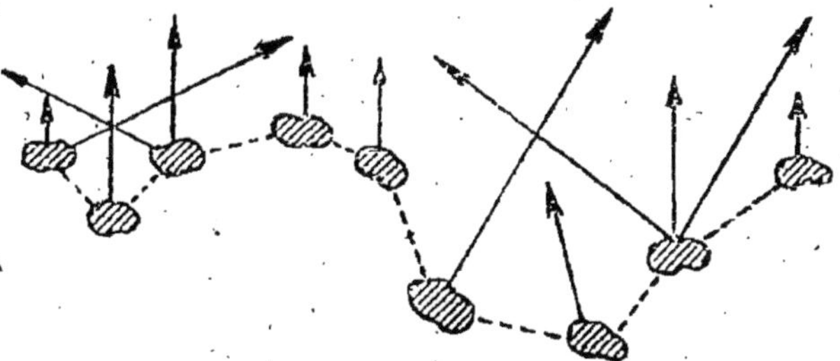

Fig. 3. — *Echelon de feu.*

saillants et des rentrants variés (fig. 3). Il en résulte la possibilité de nombreux flanquements de groupe à groupe.

86. Le nombre de groupes à porter à l'échelon de feu est réglé par la condition que le *front d'attaque doit être garni d'un nombre d'armes suffisant pour que son feu ne présente pas de lacunes;* les groupes doivent être en mesure de se soutenir mutuellement et de battre avec les feux croisés de leur arme automatique le terrain en avant de leur front et de leurs intervalles avec les groupes voisins.

Cette **plénitude du feu** doit exister en germe dans la formation et *être réalisée dès le début de l'attaque,* même si les premières résistances rencontrées semblent faibles et clairsemées. Elle correspond au minimum de puissance qui est nécessaire pour s'assurer d'emblée la supériorité du feu (n° 130) et pour *éviter d'avoir à faire, sous le feu, des manœuvres délicates de renforcement, dans le cas où la résistance s'accentuerait.*

Le grand rendement des armes automatiques permet d'ailleurs de constituer un échelon de feu très fort tout en n'y affectant qu'une partie des moyens des unités de premier échelon et de **réserver** *les autres pour manœuvrer et pour durer.*

DÉVELOPPEMENT DU COMBAT.

87. Le débouché de la base de départ a lieu à l'heure ou au signal prescrits.

Quand l'attaque est accompagnée d'un barrage roulant ou des chars de combat, le premier échelon marche **le plus près** possible des éclatements ou derrière les chars, sans s'inquiéter des faibles résistances rencontrées, dont le nettoyage est du ressort de l'échelon suivant ou des unités spéciales de nettoyeurs. Si des résistances plus fortes enrayent la marche et que l'on combatte avec des chars, elles sont attaquées et réduites par les procédés exposés aux n°s 287 à 313.

En cas d'absence de chars, selon l'importance, la nature et la disposition des résistances, les unités qui les trouvent devant elles ou à qui elles ont été désignées d'avance, manœuvrent pour les déborder ou leur donnent *l'assaut.*

Leur mouvement doit être généralement préparé par une **concentration de feux,** aussi courte et aussi brutale que possible sur les îlots de résistance attaqués.

Le débordement est un procédé d'un rendement assuré lorsqu'il est possible de progresser sur le flanc de l'adversaire en même temps qu'on l'attaque de front pour le neutraliser.

S'il n'est pas applicable, la décision s'obtient en se jetant brusquement sur l'ennemi que le tir ou les grenades d'une autre fraction maintiennent terré ou dans l'impossibilité de faire des feux ajustés. Dans ces cas extrêmes, la violence est seule efficace : la manœuvre aide à surmonter la difficulté, elle ne peut ni la supprimer ni l'éluder.

Si l'ennemi a couvert son dispositif par des lignes de tranchées fortement tenues et que l'approche ait pu être poussée jusqu'à très faible distance de ces tranchées, l'attaque débute par un assaut général et se poursuit d'un même élan après la rupture de cette première barrière.

Si l'ennemi a ramassé le gros de ses forces dans de solides centres de résistance échelonnés derrière un rideau relativement faible, des assauts partiels se donnent en temps et lieu sur ces centres.

88. Sur l'ensemble du terrain d'attaque, la progression se poursuit grâce à la combinaison du mouvement et d'un feu intense.

Le dispositif se déplace par fractions (dans chaque groupe de combat : en bloc, par équipe ou même homme par homme). La direction est exactement maintenue partout.

C'est en cherchant constamment à remplir leur mission propre et à gagner du terrain, en liaison, mais sans se régler les unes sur les autres, que les unités voisines s'entraident le plus efficacement.

Toute fraction arrêtée s'organise et améliore son couvert; les fractions qui viennent ensuite tirent profit de l'abri et le perfectionnent à leur tour.

89. *Le feu est dirigé sur tous les points où l'adversaire paraît posté ou dissimulé.*

Par une observation systématique, on cherche d'une façon incessante à discerner ces points.

Préoccupé avant tout d'assurer la possibilité d'avancer — et, pour cela, de conserver la supériorité du feu — chaque capitaine du premier échelon peut être amené à pousser à l'échelon de feu de nouveaux groupes de combat, *après s'être rendu compte que l'arrêt n'est pas provoqué par un obstacle matériel contre lequel le feu serait impuissant.* Lorsque tous ses moyens de feu primitivement réservés ont été ainsi portés en tête, les unités suivantes, attentives à ne pas se resserrer ni s'engager prématurément, assurent à l'ensemble la disposition en quinconce irrégulier, qui permet le remplacement automatique des groupes épuisés.

90. L'infanterie poursuit son attaque *d'objectifs en objectifs*, dans toute la profondeur de la position ennemie. Ces objectifs, fixés d'avance par l'ordre d'attaque, sont des lignes du terrain ou des éléments de fortification de campagne sur lesquelles des renseignements d'aviation et autres font présumer une certaine accumulation de moyens de défense.

Entre les objectifs successifs, les troupes d'attaque peuvent avoir à exécuter plusieurs **bonds** suivis d'**arrêts** plus ou moins prolongés, nécessaires à la remise en ordre, au rétablissement des liaisons et des transmissions, aux renforcements, aux ravitaillements, au déplacement des mitrailleuses, etc.

MÉCANISME DU RENFORCEMENT AU COMBAT.

91. Le but du renforcement est de restituer à l'échelon de feu la supériorité du feu qu'il a perdue ou croit avoir perdue (nos 86 et 89) et de permettre ainsi le mouvement en avant jusqu'à l'objectif.

Or, les éléments avancés s'arrêtent, soit parce qu'ils sont ou se croient trop peu nombreux et produisent des feux insuffisants, soit parce qu'ils ont subi des pertes amenant au même résultat.

Les capitaines poussent alors, dans les vides de l'échelon de feu, des groupes de combat jusque-là en réserve, et rétablissent ainsi la supériorité du feu — *en évitant de dépasser une densité qui ne ferait qu'accroître les risques de pertes sans compensation effective.* Mais alors ils sont démunis de moyens pour procéder à une opération nouvelle de même nature; rendent compte de cette situation au chef de bataillon.

Celui-ci ordonne l'engagement de tout ou partie de sa réserve :

— par dépassement d'une compagnie usée qu'il juge incapable de poursuivre sa mission et qu'il reconstitue en réserve;

— par prolongement d'une compagnie dont les pertes ont dégarni une aile ou qui s'est indûment resserrée sur son centre;

— par échelonnement sur un flanc pour assurer la sûreté d'une compagnie qui ne peut plus le faire elle-même.

Le chef de bataillon évite d'affaiblir sa réserve en mettant des sections isolées à la disposition des capitaines de 1er échelon qui ont déjà engagé leurs sections de réserve. Ces renforcements partiels donnent peu de résultats; *il est préférable de laisser une compagnie fournir seule tout son effort et de conserver une compagnie entière pour la dépasser ou la relever lorsqu'elle est à bout.*

Lorsqu'il s'aperçoit qu'il va être bientôt dépourvu de réserve, le chef de bataillon fait appel au régiment.

Dans le même cas, le régiment s'adresse à l'infanterie divisionnaire et celle-ci à la division.

A chaque échelon, le chef s'assure que les appels qui lui sont adressés répondent à des nécessités réelles. Il décide de l'opportunité de reconstituer les réserves de l'unité qui n'en a plus ou de la faire dépasser tout entière par une unité fraîche qui la relève de sa mission.

Ainsi s'établit une sorte d'aspiration de l'arrière vers l'avant au profit de l'échelon avancé, *dont la progression, au surplus, importe par-dessus tout.* Cette aspiration a pour effet de reconstituer toujours à l'échelon le plus avancé la supériorité du feu et, par conséquent, la possibilité d'avancer.

APPUI DE L'ARTILLERIE DANS L'APPROCHE ET L'ATTAQUE.

92. *Au cours de l'approche*, l'artillerie d'appui direct, progressant par bonds, se tient constamment prête à intervenir contre tout ce qui s'oppose à la marche de l'infanterie.

93. *Dans l'attaque* proprement dite, on peut distinguer deux phases au point de vue de l'appui que l'infanterie reçoit de l'artillerie.

94. *Dans la première phase*, l'infanterie marche de bond en bond, sous la protection immédiate des feux de l'artillerie; dans le cas où l'attaque débute par un assaut général, ces feux peuvent prendre la forme d'un *barrage roulant*.

Même préparée et réglée avec le plus grand soin par le commandement, cette phase ne laisse pas de donner lieu à des incidents variés et imprévus provenant généralement d'une destruction ou neutralisation insuffisante de certains organes de la défense; il peut s'ensuivre un désaccord entre la progression des feux d'appui direct et celle de l'infanterie.

Aussi les bonds doivent-ils être prévus assez courts, afin de rendre le réajustement possible et prompt.

Les bonds des feux d'artillerie doivent être minutieusement préparés en ce qui concerne leur cadence, leur vitesse de progression (s'il s'agit d'un barrage roulant) et leur durée.

Il appartient au commandement d'apprécier et de décider

si la reprise des tirs doit avoir lieu à des heures fixées d'avance ou seulement sur demande du bataillon ou du régiment intéressé.

Il est possible en effet que ces unités, bien qu'arrêtées sur la ligne prévue, aient en avant d'elles des *patrouilles de contact* accrochés à l'ennemi en retraite et qu'elles soient amenées, sur les renseignements donnés par ces patrouilles, à pousser de l'avant sans tarder. La conservation du contact et l'exploitation des occasions fugitives qui peuvent se présenter ne sont possibles que si aucun barrage ou concentration de feux d'artillerie ne doit se produire automatiquement sur le terrain exploré par ces patrouilles.

Dans tous les cas, des moyens de liaison simples et efficaces doivent permettre à l'infanterie, soit de déclencher, soit de supprimer les tirs préparés dans chaque zone d'action à son profit immédiat.

95. *Au cours de la deuxième phase*, après une progression déjà importante de l'infanterie à l'intérieur ou jusqu'à la limite extrême de la première position ennemie, l'artillerie est dans la nécessité d'effectuer des déplacements, d'amener ses munitions et d'organiser à nouveau ses tirs.

Dès lors, il lui devient difficile de maintenir avec l'infanterie une liaison aussi étroite et aussi effective que dans la phase précédente et, par suite, de conformer exactement son action aux besoins de cette arme.

En particulier, l'infanterie ne doit plus s'attendre, comme dans la première phase, à bénéficier de feux d'appui direct s'ajustant aux contours des unités d'attaque et se déplaçant à la vitesse de marche de ces dernières. Elle ne peut compter avec certitude que sur quelques pièces ou batteries qui ont pu être mises directement à sa disposition et qui la suivent de près avec un faible approvisionnement de munitions. (N° 125.)

L'artillerie atténue ces inconvénients, dans la mesure du possible, en déplaçant ses unités par échelons successifs : tandis qu'une partie d'entre elles restent en batterie et continuent à tirer, les autres exécutent un large bond et vont chercher des emplacements favorables, en arrière de la dernière ligne atteinte par l'infanterie.

Les chefs des groupes ou groupements d'appui direct s'efforcent de rétablir leur liaison avec l'infanterie de façon à connaître sa situation exacte dès qu'ils sont en état de l'appuyer de nouveau.

CONDUITE A TENIR APRÈS LA PRISE DES PREMIERS OBJECTIFS.

96. Au fur et à mesure de sa progression à l'intérieur de la position ennemie, l'infanterie doit donc compter de plus en plus sur elle-même. En revanche, étant moins liée aux feux de l'artillerie, elle jouit d'une plus grande liberté dans ses mouvements, à un moment où l'ébranlement de l'adversaire est déjà obtenu.

L'initiative des chefs d'infanterie prend alors une importance capitale pour la suite des événements. Chefs de corps, commandants de bataillon et même de compagnie ont à manifester l'esprit d'à-propos, de décision et d'audace qui permet seul de tirer tout le parti possible des circonstances favorables du combat, circonstances toujours fugitives et dont il faut profiter sans délai, sous peine de laisser à l'ennemi le temps de se ressaisir.

Les manœuvres à exécuter se résument toujours en une combinaison du mouvement et du feu de l'infanterie, avec l'appui de toute l'artillerie en mesure d'agir, et avec celui des chars de combat, s'ils peuvent être amenés assez rapidement à pied d'œuvre.

Par son feu, l'infanterie détruit et neutralise les résistances de l'ennemi; par son mouvement, elle le déborde, le dépasse, l'enveloppe et finalement le saisit.

97. Au cours de cette phase, l'attaque doit rester rapide, ardente, continue.

La rapidité n'est pas à rechercher dans l'accroissement de l'allure de l'infanterie, mais comme conséquence de la conception, de l'exécution et de l'enchaînement des manœuvres locales. La célérité avec laquelle s'effectue la transmission des renseignements susceptibles d'orienter les chefs dans l'emploi de leurs réserves revêt une importance particulière.

Grâce aux bonnes dispositions prises pour le rétablissement de l'ordre, les arrêts prévus sont limités à la durée indiquée par le commandement; des manœuvres opportunes permettent de réduire au minimum la durée de ceux qui sont imposés par l'ennemi.

Chaque unité cherche à pousser constamment de l'avant.

Le contact de l'ennemi ne doit jamais être perdu.

Le terrain gagné est âprement défendu.

On ne recule plus.

NETTOYAGE.

98. Dans la progression à travers des positions fortement organisées, la mission de nettoyage des îlots de résistance, abris, souterrains, incombe à des unités constituées, de force variable, désignées à l'avance, qui auront parfois à mener de durs combats partiels.

Hors des organisations puissantes, le nettoyage du terrain submergé par les unités d'attaque est achevé par les unités de 2e et 3e échelons. (N° 341.)

OCCUPATION ET CONSERVATION DU TERRAIN CONQUIS.

99. La profondeur entre deux objectifs n'est divisée en plusieurs **bonds** suivis d'**arrêts** réguliers que s'il s'agit de la rupture d'un front particulièrement fort et seulement pendant la phase de l'attaque où les tirs d'appui direct sont assurés. Le plan de ces tirs est établi en conséquence.

100. *A tout arrêt, même s'il doit être court, la préoccupation immédiate et automatique de chaque chef de petite unité d'infanterie doit être l'***organisation d'un système de feux croisés,** *assurant en avant du front atteint un barrage aussi complet que possible.*

La disposition en quinconce, déjà préconisée pour la progression, trouve là une nouvelle et immédiate application et permet même l'organisation de plusieurs barrages éventuels en profondeur.

Les groupes effectuent de petits déplacements, si cela est nécessaire, pour améliorer leur champ de tir. Ils se plient au terrain et emploient à plein leurs outils pour s'enfoncer rapidement dans le sol.

On se tient prêt à utiliser, le cas échéant, toutes les ressources des procédés défensifs.

A l'heure fixée ou au signal prévu, la marche en avant est reprise.

101. L'arrêt, après l'enlèvement d'un objectif fortifié et énergiquement défendu, peut avoir une durée assez longue. Cet arrêt est utilisé pour vérifier et améliorer le système de feux défensifs initialement installé. On s'attache à battre particulièrement les couloirs dangereux.

Officiers et gradés s'appliquent en outre aux tâches suivantes :

— *conserver le contact;*

— rétablir l'ordre troublé, les liaisons interrompues, l'échelonnement perdu;

— envoyer des comptes rendus destinés à faire connaître la situation;

— se faire renseigner par les agents de liaison placés auprès des unités subordonnées;

— organiser les communications par les moyens les plus expéditifs;

— faire des reconnaissances aussi complètes que possible du terrain environnant, rechercher les observatoires;

— se ravitailler en munitions et en artifices;

— faire continuer et perfectionner les travaux de terrassements entrepris.

Des ordres sont donnés pour que l'échelonnement, s'il a été diminué, ne soit repris qu'au départ et non par une marche en arrière des éléments qui auraient trop serré sur la tête.

Des patrouilles de contact sont poussées aussi loin qu'il est nécessaire pour savoir si l'ennemi ne s'est pas dérobé. Une entente est à réaliser avec l'artillerie (n° 94) pour permettre à ces patrouilles d'opérer sans danger et même aux unités de tête de les suivre si les patrouilles font savoir que la voie est libre.

Il est recommandé de n'envoyer ces éléments de contact que dans la partie centrale de la zone d'action de l'unité (bataillon ou régiment), les unités voisines pouvant faire reprendre des tirs d'appui direct dans les zones encadrantes.

102. Si le but assigné au combat ou la situation générale font du dernier objectif une position à occuper pendant un temps prolongé, une organisation plus étudiée se substitue peu à peu au dispositif de premier jet qui vient d'être exposé. Selon les ordres reçus, le front atteint devient une simple position d'avant-postes ou bien doit rester en mesure d'être maintenu intégralement contre toute tentative de l'ennemi pour le reprendre.

Même dans ce dernier cas, un remaniement des unités de premier échelon s'impose. Pour tenir défensivement le même front, chaque unité a besoin de déployer moins de groupes que pour l'attaquer, surtout si l'on a quelque loisir pour choisir habilement leurs emplacements et pour les renforcer par des travaux de fortification appropriés. Il est donc certainement possible d'économiser une partie notable des groupes qui étaient à l'échelon de feu et de s'en servir pour rétablir l'échelonnement des unités et leur reconstituer des réserves.

Cette opération, qui doit être faite sans timidité, est facilitée par l'arrivée des mitrailleuses : celles-ci susceptibles de tirer de loin par-dessus les groupes enterrés et, en tout cas, par leurs intervalles, peuvent en effet prendre à leur compte une partie des missions primitivement assumées par l'échelon de feux.

Il n'y a pas à hésiter, d'ailleurs, à en placer un certain nombre à l'échelon le plus avancé si c'est là qu'elles doivent avoir le plus d'efficacité. *Les risques que peut courir un engin de feu sont toujours justifiés par les pertes qu'il fera subir à l'ennemi.*

EXPLOITATION DU SUCCÈS.

103. Quand une troupe a atteint le dernier objectif qui lui a été assigné, l'envoi immédiat de patrouilles de contact opérant comme il est dit ci-dessus est d'obligation absolue.

Conserver un contact obstiné dans la direction assignée est, pour les petites unités de tête, la première condition de l'exploitation du succès.

104. Les éléments envoyés en reconnaissance doivent être considérés comme de véritables **avant-gardes** par les chefs d'unité qui les détachent, de telle sorte que, s'il se présente une occasion favorable pour développer plus complètement le succès, cette occasion soit immédiatement saisie et que l'adversaire soit *poursuivi* sans répit. Les chefs d'unité auront donc, en prévision de cette éventualité, à tenir des éléments prêts à agir; ils rendront compte à l'autorité supérieure afin que, le cas échéant, celle-ci mette en œuvre des moyens suffisants pour accabler l'ennemi en retraite.

En présence de résistances se manifestant sur une ligne plus ou moins continue, les éléments de poursuite doivent toujours penser qu'ils n'ont devant eux qu'un faible rideau de patrouilles faisant le jeu de la troupe en retraite; ils les attaquent ou les débordent sans tarder.

Les formations à employer au cours de la poursuite sont celles qui ont été indiquées plus haut pour l'approche et la prise de contact. Les unités de tête ont en effet devant elles soit des éléments d'arrière-garde, soit des éléments couvrant au loin une deuxième position.

105. Les unités en deuxième et troisième échelon marchent dans des formations plus ou moins diluées, selon l'importance des réactions de l'artillerie ennemie. Tantôt, elles resserrent leurs intervalles et se forment en colonnes pour utiliser des cheminements étroits non battus; elles se gardent cependant des couloirs encaissés, si les effets des obus spéciaux sont à craindre.

Tantôt, les distances et les intervalles sont au contraire augmentés au passage des crêtes et des zones qui sont vues des observatoires ennemis et ne peuvent être évitées.

Quelquefois il vaudra mieux franchir les crêtes par surprise et par compagnies entières plutôt que par fractions plus petites. Il est dangereux que des unités successives débouchent d'un couvert toutes au même point.

Les précautions à prendre ne doivent pas faire perdre de vue la mission reçue : dans une poursuite, elles sont souvent négligées devant l'intérêt d'une marche très rapide.

Si l'ennemi résiste, la conduite à tenir est la même que lors de la rencontre des éléments avancés de la première position.

COMBAT INTERROMPU PAR LA NUIT. AVANT-POSTES DE COMBAT.

106. Lorsque la décision recherchée n'a pas été obtenue à la chute du jour et que les conditions favorables pour engager un combat de nuit (n°° 343 à 349), ne sont pas réalisées, les unités de premier échelon s'arrêtent et s'enterrent sur place pour attendre le jour, après s'être organisées rapidement en **avant-postes de combat.**

Leur mission est d'appliquer les principes de la sûreté pendant l'interruption du combat.

Les groupes les plus avancés se constituent en **postes de surveillance,** encore appelés **petits postes :** dans chacun d'eux, des **guetteurs** surveillent activement le terrain en avant et celui qui les sépare des postes voisins; les autres hommes restent sous les armes, prêts à appliquer le plan de feux qui a été établi dès l'installation.

Ces feux peuvent être complétés par ceux de mitrailleuses balayant les intervalles dégarnis.

En outre, des patrouilles sont envoyées pour reconnaître

le terrain en avant de la ligne des postes et pour reprendre le contact si ceux-ci l'ont perdu.

Derrière ce rideau, sont assurées toutes les opérations déjà indiquées pour les arrêts du combat (n°ˢ 100 et 101) et, en outre, le ravitaillement en vivres.

107. Il est très important d'assurer pendant la nuit, aux troupes qui ont combattu, le repos dont elles ont besoin pour réparer leurs forces et préparer de nouveaux efforts. Les avant-postes de combat doivent donc s'abstenir de tout acte de nature à provoquer l'action adverse; les guetteurs et les patrouilles évitent les coups de feu qui pourraient causer des alertes inutiles.

108. Cependant, dès qu'un petit poste croit ne plus avoir le contact, une patrouille doit être envoyée pour le reprendre. Sa mission est d'*aller jusqu'à l'ennemi où qu'il soit*, et non pas jusqu'à telle ou telle ligne du terrain. Opérant la nuit en terrain inconnu, elle ne saurait fouiller tous les couverts; elle va tâter les points importants que l'ennemi occupe certainement, s'il est dans le voisinage.

Si la recherche du contact entraîne la patrouille au delà d'un rayon d'action en rapport avec son effectif (500 à 1.000 mètres pour un groupe), elle s'arrête et fait appel à la compagnie : celle-ci la renforce pour qu'elle puisse continuer sa mission. Au besoin, la compagnie tout entière, puis les compagnies voisines s'ébranlent peu à peu, — ce qui correspond au cas où le repli de l'ennemi a une certaine ampleur. Averti sans délai de ces résultats, le commandant de l'Infanterie divisionnaire déclenche le mouvement des gros de l'infanterie, en se conformant aux plans établis à la division en prévision de cette éventualité.

Si, au contraire, le contact se rétablit à courte distance, la patrouille s'embusque, rend compte et fonctionne comme nouveau petit poste, tandis que le petit poste dépassé redevient disponible.

Ces mouvements comportent une entente préalable avec l'artillerie.

Un peu avant le lever du jour, la surveillance redouble, les petits postes et leurs réserves sont tenus prêts à marcher ou à exécuter les ordres reçus pendant la nuit.

EMPLOI DES RÉSERVES.

109. Lorsque l'attaque a commencé, le chef ne peut plus ni diriger ni reprendre les petites unités d'infanterie qui sont engagées; il peut, tout au plus, s'il s'agit d'unités importantes, élargir ou diminuer, dans une certaine mesure, leur front d'action. C'est uniquement sur ses **réserves** qu'il doit compter pour modifier ou rétablir l'économie de son système de forces — c'est-à-dire : *manœuvrer.*

De là la nécessité d'avoir des réserves à tous les degrés, au moins jusqu'à la compagnie inclus et de les reconstituer le plus tôt possible lorsqu'elles ont été dépensées.

110. Les réserves permettent :

— d'assurer *la continuité de l'effort* et la *durée* du combat par les renforcements et les relèves indispensables;

— de redresser les erreurs de direction, de combler les vides qui en résultent;

— de *rétablir dans le sens voulu* une manœuvre qui ne se déroule pas conformément à l'idée du chef;

— de donner aux fractions engagées un sentiment de sécurité qui leur permet de se consacrer en entier à leur mission;

— d'intensifier au maximum l'exploitation du succès.

Soustraites par leur emplacement initial à la plupart des émotions de la lutte et aux effets démoralisants de la surprise, les réserves constituent l'arme personnelle et la véritable puissance du chef; celles de l'ennemi représentent pour lui le principal danger à prévoir et écarter.

Les réserves amies ne sauraient donc jamais être trop nombreuses, *sous condition que la troupe d'attaque ait été dotée d'abord de la force nécessaire et suffisante.*

111. Au cours du combat, les relèves se font sous forme de **dépassements** ou **passages de ligne** (N° 56 de la 1re partie) qui ne peuvent généralement avoir lieu qu'à la fin d'un arrêt de quelque durée.

En principe, toute unité engagée doit poursuivre son effort jusqu'à la limite extrême de sa capacité offensive.

Toutefois, il appartient au commandement de juger s'il n'est pas préférable et s'il est possible de retirer du premier échelon des éléments qui, trop fatigués, n'ont plus un rendement suffisant.

Ces éléments sont susceptibles, après quelques heures ou quelques jours passés en réserve, de fournir un nouvel effort tandis que, maintenus en premier échelon, ils auraient obtenu peu de résultats et auraient même pu diminuer l'élan de renforts frais.

Cette opération se fait surtout entre bataillons de premier et deuxième échelon, parfois entre compagnies du même bataillon.

Au contraire, dans la compagnie, les groupes, en principe, ne sont pas relevés (n° 237). La puissance offensive de l'unité est toujours maintenue par la fusion progressive de l'échelon de réserve dans l'échelon de feu. La compagnie, réduite à un seul échelon, doit durer en général jusqu'à la relève du bataillon entier.

112. *L'emploi des réserves est dominé par la volonté nettement arrêtée de les engager dans les zones où l'ennemi cède.* Leur action fait tomber les parties voisines qui ont résisté à l'attaque de front. Une accumulation d'hommes devant des défenses intactes ne correspond pas à une augmentation de force; elle risque d'engendrer le désordre et favorise les effets du feu de l'adversaire.

Les réserves sont donc, généralement, disposées en face des parties du front ennemi considérées comme les plus faibles.

Les unités qui les constituent n'étant pas destinées en général à s'engager toutes en même temps, on peut réaliser pour l'ensemble des réserves un échelonnement considérable en profondeur. Ces unités prennent aux emplacements qui leur sont assignés, des formations aussi masquées que possible, articulées dans les directions de leurs mouvements les plus probables et couvertes dans les directions dangereuses. La formation de chacune d'elles est en rapport avec sa distance en arrière des premières lignes.

Si la rupture n'a pas lieu sur les points où on l'escomptait, il s'ensuit l'obligation de déplacer les réserves par des mouvements obliques : c'est là une opération difficile, si ce n'est la nuit ou en terrain couvert. L'articulation du début doit être conçue en vue de cette éventualité.

113. Tout chef en réserve fait reconnaître les cheminements qu'il peut être appelé à utiliser avec sa troupe.

Il assure la liaison avec ses voisins, avec les chefs qu'il sera vraisemblablement appelé à appuyer et fait fonctionner à plein son service d'observation.

Lorsqu'il est mis d'une façon ferme à la disposition d'une unité engagée, il devance sa troupe et va prendre personnellement le contact du chef de cette unité; il amène avec lui des moyens de transmission pour envoyer ses ordres Il reprend sa place dans son unité au moment où elle marche au combat.

ACTION CONTRE AVIATION ENNEMIE.

114. Au cours de toutes les phases du combat qui viennent d'être décrites, l'aviation ennemie peut prendre pour objectif les éléments d'infanterie visibles.

L'infanterie ne doit compter que sur elle-même pour abattre ou éloigner les avions volant au-dessous de 600 mètres. L'aviation de chasse amie ne peut évoluer et combattre qu'au-dessus de cette hauteur. L'artillerie anti-aérienne ne peut tirer, sans danger pour l'infanterie à protéger, que sur des avions volant au-dessus de 800 à 1.000 mètres.

Les méthodes de tir contre les avions volant au-dessous de 1.000 mètres sont données pour la mitrailleuse, dans l'*Instruction pour les unités de mitrailleuses d'infanterie* (n° 182) et pour le F.-M. dans l'*Instruction sur la pratique du tir* (n° 152).

RAVITAILLEMENT.

115. Les ravitaillements ne sont souvent possibles que la nuit. Cependant l'épuisement des munitions constitue un tel danger, aggravé par l'effet moral qu'il cause, qu'il est justifié d'employer tous les moyens de ravitaillement lorsque l'urgence est réelle. Il est telles circonstances où l'on n'hésitera pas à pousser les attelages à grande allure jusqu'aux abords de la ligne de feu. On pourra prescrire qu'une unité en réserve donne à une unité démunie une partie de l'approvisionnement individuel, qu'elle recomplètera au plus tôt.

La camaraderie de combat fait un devoir aux unités de toutes armes de s'entr'aider sur le champ de bataille au point de vue de la délivrance des munitions et de n'apporter à cette aide ni réticence ni formalisme.

ÉVACUATIONS.

116. *Blessés.* — La recherche et l'évacuation des blessés incombent aux services de santé régimentaire et divisionnaire. Les soins d'urgence leur sont donnés par leurs camarades dans les conditions nettement spécifiées aux *Devoirs au combat* (n° 44).

On ne s'écarte pas de ces prescriptions. Le succès de la

journée est le meilleur moyen d'assurer aux blessés des soins prompts et efficaces.

117. *Prisonniers.* — Les prisonniers reçoivent l'ordre de jeter leurs armes apparentes et cachées, puis ils sont évacués sur le poste de commandement le plus voisin. Ils reçoivent ensuite la destination prévue par l'ordre d'attaque. L'escorte à constituer est de 1 fusil pour 10 ou 15 prisonniers. Toute velléité de rompre les rangs est aussitôt réprimée. Les officiers sont mis à part et ne doivent avoir aucune communication avec leurs hommes. On veille à ce que les prisonniers ne détruisent pas leurs papiers ou carnets.

CHAPITRE IV.

COOPÉRATION DE L'INFANTERIE AVEC LES AUTRES ARMES.

1° ARTILLERIE.

GÉNÉRALITÉS.

118. L'artillerie est l'arme de destruction par excellence.

Toutefois, la **destruction** par le seul emploi des feux ne peut pas toujours être recherchée, soit qu'on manque du temps ou des moyens nécessaires, soit qu'on veuille s'assurer le bénéfice de la surprise. L'artillerie vise alors la **neutralisation** du personnel, dont elle annihile ou réduit l'activité.

L'artillerie est apte à fournir, en vue de la neutralisation, des concentrations massives de feux puissants, *déclenchés par surprise*, *sans réglage préalable*, sur tout objectif exactement situé.

Les effets de destruction ne sont assurés que si le tir peut être réglé ou contrôlé

La destruction totale des organes de défense est pratiquement irréalisable.

119. Le développement de l'action de l'artillerie, *dans l'offensive*, comprend :

— éventuellement, une **préparation** de l'attaque, destinée à détruire les organes de défense (batteries, organisations défensives, communications, etc.), à amoindrir la capacité de résistance du personnel, à empêcher sa manœuvre et son ravitaillement.

— un **appui direct** de l'attaque, par des feux précédant immédiatement la progression de l'infanterie et des chars de combat, dans le but de les masquer aux vues adverses et de leur permettre d'aborder l'ennemi, avant que celui-ci puisse faire usage de ses armes;

— une **protection** de l'attaque, appliquée à tous les points du terrain d'où l'adversaire peut observer, ou agir par ses feux, ou lancer une contre-attaque.

120. *Dans la défensive*, l'intervention de l'artillerie comporte :

— des actions préventives **(contre-préparation)** exécutées par concentration de feux, destinées à disloquer le dispositif d'attaque de l'ennemi;

— au moment où le débouché de l'attaque ennemie est signalé, des feux **(tirs d'arrêt)** dirigés contre l'infanterie et ses engins, chars ou batteries d'accompagnement;

— au cours même du combat, des feux d'**interdiction** sur certaines lignes à l'intérieur de la position, au cas où l'ennemi y aurait pris pied.

Pendant les périodes de stabilisation, la défense contre les *coups de main* de l'ennemi comporte, de la part de l'artillerie, les mêmes procédés d'intervention, ajustés aux circonstances de temps et de lieu.

121. Les missions qui incombent à l'artillerie se rangent dans les catégories principales suivantes :

— destruction des obstacles qui s'opposent à la manœuvre de l'infanterie;

— appui direct, accompagnement immédiat et protection de l'infanterie;

— tirs sur les communications.

Les premières de ces missions exigent une collaboration étroite avec l'infanterie. Elles sont normalement à la charge de l'artillerie divisionnaire.

122. La coopération de l'infanterie avec l'artillerie revêt deux aspects différents suivant que l'on demande à l'artillerie de s'employer au profit de l'infanterie dans le plan d'ensemble élaboré par le commandement ou bien de satisfaire aux besoins immédiats de l'infanterie en tirant sur les obstacles rapprochés qu'elle rencontre pendant sa marche.

La première mission, de beaucoup la plus importante, est toujours donnée; elle est remplie par **artillerie d'appui direct.**

Le second rôle est occasionnel : les petits éléments d'artillerie qui en sont chargés, généralement prélevés au moment du besoin sur l'artillerie d'appui direct, prennent le nom **d'artillerie d'accompagnement immédiat.**

ARTILLERIE D'APPUI DIRECT.

123. L'artillerie d'appui direct coopère aux missions données par le commandement à l'infanterie.

Elle est mise en œuvre par le commandant de l'artillerie divisionnaire, qui reçoit les ordres du général de division.

Les commandants de régiment et de groupe d'artillerie choisissent leur poste de manière à assurer dans les conditions les plus sûres le commandement de leurs unités, leur liaison avec l'autorité supérieure et la surveillance du champ de bataille.

Ils se tiennent également en liaison très étroite avec l'infanterie opérant dans leur **zone d'action normale,** au moyen de **détachements de liaison** (1) permanents et par un contact personnel fréquent.

Ces zones d'action normales correspondent en principe aux zones d'attaque des unités d'infanterie, ce qui facilite la tâche des détachements de liaison, permet d'en réduire le nombre et, par suite, d'y affecter un personnel choisi et des moyens de transmission abondants.

Ces dispositions mettent les chefs d'infanterie en mesure d'obtenir aisément de l'artillerie d'appui direct toute l'aide qu'elle est susceptible de leur donner, tout en laissant au commandant de l'artillerie la faculté de faire tirer ses groupes dans leurs **zones d'action éventuelles** et de concentrer les feux, au cours du combat, sur les points où l'ennemi accumule ses moyens.

124. Dans l'offensive, les **tirs d'appui direct** (2) précédant la progression de l'infanterie et de ses chars prennent

---

(1) Le fonctionnement des détachements de liaison est provisoirement réglé par l'*Instruction du 26 décembre 1917 sur la liaison pour les troupes de toutes armes.*

(2) Dans l'*Instruction provisoire du 15 juin 1919 sur le service en campagne de l'artillerie,* ces tirs sont aussi appelés tirs d'accompagnement.

tantôt la forme d'un **barrage roulant,** masque derrière lequel le premier échelon de l'attaque se moule au plus près; tantôt celle de **concentrations** massives sur des objectifs successifs, passant d'un objectif à l'autre à des heures déterminées, calculées d'après la vitesse de marche de l'infanterie.

Les **tirs de protection** sont des tirs ayant pour but d'interdire les accès immédiats et lointains de la zone attaquée, de prendre sous un feu rapide les rassemblements et les contre-attaques qui se dévoileraient, d'empêcher l'arrivée des réserves et des ravitaillements.

Les groupements d'appui direct ne se déplacent que lorsqu'ils ne peuvent plus suivre par leurs feux la progression de l'infanterie. Ils procèdent alors par larges bonds (environ une demi-portée) et par échelons. Le commencement de leur déplacement ouvre pour l'infanterie une phase délicate (n° 95).

ARTILLERIE D'ACCOMPAGNEMENT IMMEDIAT.

125. Des batteries ou des sections d'artillerie légère peuvent être mises à la disposition des commandants d'infanterie divisionnaire, de régiment ou même de bataillon pour constituer leur **artillerie d'accompagnement immédiat.** La faible importance et la mobilité de ces unités leur permettent d'utiliser le terrain dans les meilleures conditions et de se déplacer au besoin — par sections ou par pièce — en terrain découvert.

Le groupe qui les détache leur fournit les éclaireurs et les agents de transmission nécessaires; il veille à leur ravitaillement.

Ces éléments d'artillerie concourent à la réduction des îlots de résistance; ils attaquent les pièces de défense rapprochée et les chars de combat de l'ennemi.

Le commandant de l'infanterie fixe à cette artillerie ses missions et la zone de ses positions; il n'a pas à s'immiscer dans la détermination de l'emplacement des pièces ni dans l'exécution du tir.

Le commandant de l'artillerie d'accompagnement immédiat se trouve en principe auprès du commandant de l'infanterie sous les ordres duquel il est placé; il se tient au courant de la marche du combat. Il intervient de sa propre initiative contre tout objectif qui arrête ou ralentit l'unité à laquelle il est attaché et, le cas échéant, les unités voisines. Disposant de peu de munitions, il ne craint pas de rapprocher ses pièces de l'objectif afin de régler plus facilement, de démolir plus vite et à moins de frais.

L'infanterie lui doit son concours pour assurer sa sécurité et pour déplacer son matériel, si les attelages viennent à faire défaut.

SÉCURITÉ DE L'ARTILLERIE EN POSITION.

126. L'infanterie a le devoir d'assurer la sécurité de l'artillerie, cette dernière arme disposant de peu de moyens propres pour se défendre dans un combat rapproché.

Sur un front organisé, la sécurité de l'artillerie résulte de sa situation par rapport à la position principale de résistance. Dans le combat en rase campagne, elle résulte du voisinage des troupes d'autres armes; mais, dans le cas exceptionnel où elle n'est pas absolument assurée, l'artillerie reçoit un **soutien** spécial.

Le chef de toute fraction d'artillerie isolée a qualité pour demander ce soutien, en s'adressant soit au commandement, soit au chef d'infanterie le plus voisin.

Le commandant de l'artillerie donne au chef du soutien les indications relatives à sa mission. Celui-ci reste juge des moyens d'exécution. Il organise en avant et sur le flanc des pièces un système de feux capable de briser toute tentative d'attaque et de garantir, le cas échéant, le temps nécessaire à l'évacuation du matériel.

Les avant-trains et les échelons sont éventuellement protégés de la même manière.

2° GÉNIE.

127. Les troupes du génie sont employées aux travaux et aux destructions du champ de bataille qui exigent des compétences spéciales. Tantôt les détachements du génie sont mis à la disposition d'un chef d'infanterie en vue d'une mission déterminée et prennent ses ordres; tantôt ils ont reçu directement de l'autorité supérieure une mission spéciale (communications, destructions, etc.) et l'exécutent en simple liaison avec l'infanterie; cette liaison peut comporter pour l'infanterie l'obligation de pourvoir à la sécurité du génie, et de lui fournir des guides et des auxiliaires.

Le génie a des effectifs limités et comprend des spécialistes dont la formation est longue. Il est d'un intérêt particulier d'en éviter l'usure.

Toutefois, lorsqu'une unité du génie se trouve englobée

au milieu de troupes attaquées, elle passe automatiquement aux ordres du commandant de l'infanterie intéressée par l'attaque et combat dans les mêmes conditions que l'infanterie.

3° AVIATION.

128. Parmi les missions de l'aviation, certaines intéressent immédiatement l'infanterie au combat; ce sont les missions du commandement, de liaison, de reconnaissance rapprochée et les missions offensives comportant l'intervention des avions dans la lutte même du champ de bataille.

Les procédés de communication directe entre l'infanterie et les avions (fusées, panneaux, messages lestés, etc.) sont délicats, mais procurent de très grands avantages si l'on parvient à les réaliser. Le jalonnement de la ligne avancée est l'opération la plus importante et la plus difficile à pratiquer couramment (1).

Tous les soldats doivent savoir reconnaître les avions de leur division.

(1) Ces procédés sont indiqués en détail dans l'*Instruction du 28 décembre 1917 sur la liaison*, qui reste provisoirement en vigueur.

TITRE II.

LE COMBAT OFFENSIF.

CHAPITRE I.

BUT ET CONDITIONS GÉNÉRALES DU COMBAT OFFENSIF.

BUT DU COMBAT OFFENSIF.

129. Le but du combat offensif est d'obtenir la *désorganisation des forces de l'ennemi* en conquérant successivement les positions, organisées ou non, qu'il prétend conserver. Le combat n'est pas terminé tant qu'une résistance se manifeste encore, indiquant que la désorganisation de l'ennemi n'est pas complète.

130. Les deux éléments de l'offensive sont **le feu et le mouvement :** le feu, seul procédé qui permette d'agir sur le système de feux de l'ennemi; le mouvement, seul facteur décisif, seul gage certain du succès.

Quel que soit l'aspect que puisse donner à la lutte l'emploi des engins connus ou à venir, le gain ou la perte d'une bataille aura toujours cette sanction infaillible : l'infanterie avance ou l'infanterie recule.

Il faut donc avancer. Pour avancer malgré l'ennemi, il faut, par son propre feu, l'empêcher d'obtenir du système de feux qu'il a préparé le rendement qu'il en escompte : il faut **avoir la supériorité du feu.**

Lorsque le feu adverse est désorganisé, le mouvement est possible, aux vues de l'ennemi, avec de faibles pertes. C'est le premier résultat à se proposer. S'il n'est pas obtenu, on ne peut espérer conduire le combat vers une issue heureuse.

Le problème de l'offensive se ramène ainsi à rendre possible, à diriger et à exploiter le mouvement en avant de l'infanterie.

LA SURPRISE ET LA SURETÉ DANS LE COMBAT OFFENSIF.

LA SURPRISE.

131. Le feu et le mouvement verront leurs effets décuplés par la **surprise,** qui crée le désordre, paralyse le défenseur et le rend incapable de combiner et de faire jouer en temps opportun la riposte appropriée. La surprise entraîne la désorganisation du feu ennemi; elle est donc tout spécialement favorable à l'offensive.

Qu'il s'agisse d'un coup de main ou d'une attaque importante, la surprise doit s'étendre à tous les éléments qui ont le moyen de s'opposer à la réalisation du projet de l'assaillant. Il importe d'ailleurs autant de surprendre le commandement intéressé que les exécutants.

132. Les moyens de réaliser la surprise sont :

— la connaissance aussi complète que possible des moyens de défense de l'ennemi dans toute la profondeur du terrain attaqué;

— le secret des préparatifs de toute nature;

— la soudaineté du déclenchement de l'attaque;

— la succession rapide des divers actes prévus;

— une puissance suffisante pour assurer cette rapidité, malgré les obstacles successivement rencontrés.

133. Un intérêt particulier s'attache à la rapidité d'exécution : le désordre créé par la surprise affecte spécialement les troupes et les chefs directement surpris; aux échelons supérieurs, les chefs conservent leur liberté de décision pour l'emploi des réserves, qui ne cessent de constituer un danger pour l'assaillant; plus l'opération menée par surprise sera rapide, moins ces chefs auront la possibilité de jouer de leurs réserves en temps opportun : si bien qu'au lieu de superposer la force de ces réserves à une résistance encore agissante, ils en seront réduits à la suppléer.

La préparation par l'artillerie et l'aviation de bombardement est aussi brève et aussi violente que possible. Elle peut même être supprimée si l'on dispose de chars de combat; dans ce cas, les tirs d'*appui direct* et de *protection* peuvent ne commencer que quelques minutes avant le débouché de l'infanterie ou même à l'instant précis de ce débouché.

134. La recherche de la surprise doit toujours être complétée par la volonté d'en exploiter entièrement les effets. Cette remarque intéresse directement les petites unités de tête : c'est du coup d'œil et de l'esprit de décision de leurs chefs que dépendent les mesures immédiates qui empêcheront l'ennemi de se ressaisir.

LA SURETÉ.

135. La **sûreté** dans le combat offensif a pour but de conserver la liberté d'effectuer, malgré l'ennemi, l'opération projetée et, par suite, de déjouer la surprise dont on serait soi-même victime si l'adversaire attaquait le premier ou si, profitant de circonstances momentanément favorables, il décidait de passer lui-même à la contre attaque.

La sûreté dans l'offensive comporte également une connaissance du dispositif ennemi suffisante pour éviter de s'engager à faux contre des positions dont on estime inexactement la véritable force de résistance.

La distance qui sépare les forces en présence n'étant plus suffisante pour assurer par elle-même la sûreté (n° 15), celle-ci résulte plus que jamais du dispositif des troupes.

Il est fait état, en outre, de tous les renseignements recueillis par le service d'observation, par l'aviation et par l'infanterie.

Les organes qui procurent la sûreté sont :

les **avant-gardes,** détachements ayant pour but de dissimuler et de protéger ce qui est en arrière d'eux, de découvrir ce qui est en avant, de rechercher ou de conserver le contact;

les **avant-postes,** qui ont le même objet pendant les interruptions du combat;

les **flancs-gardes de liaison,** destinées à remédier au cours du combat à la disjonction de deux unités voisines, en protégeant les flancs ainsi découverts;

les **réserves** des petites unités, dont un des rôles est d'empêcher les fractions engagées d'être détournées de leur mission par des interventions inattendues de l'ennemi.

CHAPITRE II.

COMBAT DE L'INFANTERIE DIVISIONNAIRE.

OBSERVATIONS GÉNÉRALES.

136. *Dans ce chapitre et dans les chapitres qui suivent où est traité le combat des différentes unités, celles-ci sont supposées avoir leurs effectifs réglementaires complets.*

Lorsqu'il n'en est pas ainsi, les unités particulièrement affaiblies reçoivent des missions en rapport avec leur effectif réduit. Mais quelles que soient leurs pertes, les bataillons et les compagnies conservent toujours leur individualité distincte et ne sont pas fusionnés avec des unités semblables.

Dans la compagnie, au contraire, le nombre de groupes est variable, chacun d'eux devant se présenter au combat avec une composition et un effectif à peu près fixes (n°s 19 et 60 de la 1re partie) : le capitaine procède en temps opportun aux remaniements nécessaires, en évitant cependant de les faire dans l'imminence d'un engagement ou pendant les courts arrêts du combat.

137. *Dans ces mêmes chapitres, on s'est appliqué beaucoup plus à fixer les principes du combat des unités d'infanterie qu'à entrer dans le détail des procédés d'exécution.*

Les procédés de combat sont l'œuvre des chefs, qui appliquent ceux qui leur paraissent s'adapter le mieux à la situation du moment.

Jamais une situation ne se reproduit identiquement.

Chaque cas doit être considéré en lui-même et comporte sa solution particulière.

Les principes seuls sont immuables; les procédés varient à l'infini et les meilleurs sont ceux qui conduisent le plus sûrement au but.

ROLE DU COMMANDANT DE L'INFANTERIE DIVISIONNAIRE.

138. Le rôle du commandant de l'infanterie divisionnaire est de *conduire le combat de l'infanterie* en vue de l'aboutissement de la *manœuvre* conçue et poursuivie par le général de division.

Il en reçoit **l'ordre d'opérations** et est mis au courant de toutes ses intentions.

Il se tient assez près de la ligne de feu pour pouvoir être rapidement renseigné; assez loin pour échapper aux réactions directes des incidents locaux. Son poste de combat doit permettre des transmissions rapides et sûres avec le commandant de la division, le commandant du groupement d'artillerie d'appui direct et les colonels d'infanterie.

Si le général de division ne l'a pas fait, il fixe la tâche de chacun de ses régiments, délimite leurs zones et répartit entre eux les groupes d'appui direct et les compagnies de chars qui sont mis à sa disposition. Il communique aux commandants de ces unités les ordres qu'il a donnés.

Il fait connaître aux colonels les réserves qu'il entend se constituer et celles qui appartiendront au général de division. Les colonels désignent les unités nécessaires et les envoient aux emplacements prescrits. Les chefs de ces unités établissent aussitôt leurs liaisons avec les autorités sous la dépendance desquelles ils se trouvent placés et prennent leurs ordres directs. Ils continuent à être ravitaillés par leur régiment.

Le commandant de l'infanterie divisionnaire règle l'emploi des organes d'infanterie qui travaillent au profit de tout le front d'attaque de la division, tels que les groupements de mitrailleuses agissant par tir indirect.

Il centralise tous les renseignements sur l'avance de l'infanterie. Il fait sentir son impulsion pendant toute la durée du combat en coordonnant les efforts des régiments et en intervenant dans les incidents qu'ils ne sont pas à même de résoudre eux-mêmes.

Il utilise sa réserve, soit en la mettant en totalité ou en partie à la disposition d'un des régiments engagés, soit en lui donnant une mission particulière au cours de laquelle elle continue à dépendre directement de lui.

Il est responsable vis-à-vis du général de division de l'installation des avant-postes et de la conservation du contact.

Il provoque au besoin les ordres à donner à l'artillerie qui n'a pas de liaison directe avec les corps d'infanterie, pour obtenir l'exécution, l'allongement ou l'arrêt des tirs.

DISPOSITIF DE COMBAT.

139. L'infanterie divisionnaire comprend habituellement trois régiments.

Son dispositif de combat dépend du front qui lui est attribué, de l'idée de manœuvre et de la connaissance que l'on a de la situation et des possibilités de l'ennemi. Il peut comporter trois régiments successifs ou trois régiments accolés, ou deux régiments accolés et un troisième en réserve.

Le premier dispositif convient à un front suffisamment étroit pour qu'un seul régiment en assume la rupture, ou bien à une marche d'approche à grande distance de l'ennemi dans laquelle les régiments sont successivement avant-garde de la division.

Le second assure à l'attaque une grande puissance, chacun des régiments pouvant concentrer en même temps tous ses moyens sur un front relativement étroit. Il présente l'inconvénient de réunir en réserve des bataillons appartenant à des régiments différents.

Le dispositif intermédiaire procure, dans les cas moyens, une division des tâches satisfaisante, et laisse au commandement, pour manœuvrer, la disposition d'une unité homogène et commandée.

En répartissant le front d'attaque entre les régiments accolés, le commandant de l'infanterie divisionnaire affecte un front plus étroit au régiment dont la mission est la plus importante pour le succès de l'opération. Cette disposition n'a pas pour but de permettre au colonel d'accumuler plus d'hommes sur le front, mais bien d'échelonner davantage sa formation en profondeur et de se créer des réserves plus considérables.

Cette remarque est générale et s'applique à toutes les unités subordonnées.

ORDRE D'ATTAQUE.

140. Le commandant de l'infanterie divisionnaire établit son ordre d'attaque en prenant pour base l'ordre général de la division et les ordres particuliers qu'il a pu recevoir. Il reproduit toutes les indications de ces ordres qu'il est nécessaire de faire connaître à l'infanterie, il y ajoute les ordres d'exécution qu'il lui appartient de donner en raison de son rôle (n° 138) et en raison de la mission et des moyens que lui a attribués le général de division.

La rédaction de cet ordre doit présenter une contexture permettant aux colonels d'y trouver facilement les éléments de l'ordre qu'ils auront eux-mêmes à établir (n° 144).

CHAPITRE III.

COMBAT DU RÉGIMENT.

ROLE DU COLONEL.

141. Le colonel prépare et conduit le combat de son régiment (n° 68). Il lui procure l'appui d'artillerie nécessaire.

Le poste de commandement du colonel est recherché à portée de ses unités disponibles et au voisinage d'un observatoire offrant des vues sur le terrain des attaques. Son emplacement approximatif est fixé par l'échelon supérieur. Il doit pouvoir être rattaché facilement à *l'axe des transmissions*.

Au cours de la progression, le colonel change l'emplacement de son P. C. d'après les indications générales du commandant de l'infanterie divisionnaire. Il prend toutes mesures utiles pour que les liaisons et les transmissions ne soient en aucun cas interrompues. Lorsque l'attaque est lancée, le rôle du colonel est de faciliter la tâche de ses subordonnés par tous les moyens dont il dispose et de coordonner leurs efforts et d'en exploiter les résultats. Les renseignements qu'il recueille sur la marche du combat lui permettent de combiner l'emploi des réserves avec l'action des troupes en première ligne.

DISPOSITIONS PRÉLIMINAIRES.

142. Le colonel pourvoit en temps voulu au recomplètement en matériel de toute sorte et prévoit les besoins probables des jours suivants.

Il s'assure que les unités constitutives, les services qui auront à fonctionner et, s'il y a lieu, les groupements éventuels qu'il se propose de former possèdent un encadrement suffisant. En conformité des décisions du commandement, il peut, selon les cas, faire appel aux cadres qui sont au *centre d'instruction divisionnaire* ou, au contraire, envoyer à cette formation ou au deuxième échelon du train de combat les officiers et gradés dont il n'a pas un besoin absolu. Il a tout intérêt à se constituer une réserve de commandement.

ORDRE D'ATTAQUE.

143. Au cours du combat, le colonel est appelé à prendre rapidement des décisions, qui sont notifiées sous une forme aussi courte et aussi nette que possible.

144. L'ordre d'attaque initial peut être rédigé avec moins de brièveté et rentrer dans le cadre ci-dessous :

1° Situation du régiment (dans le cas où il est utile de la préciser). Renseignements sur la situation et les possibilités de l'ennemi.

2° But général de l'opération, missions de la division, du régiment et des unités voisines. Limite de la zone d'action du régiment.

3° Comment le colonel a résolu de remplir sa mission : idée de manœuvre du régiment; moyens qu'il réserve à sa disposition.

4° Répartition des missions :

— dispositif de combat du régiment; éventuellement, indications pour la mise en place;

— mission de chaque bataillon; limites de sa zone d'action; moyens mis à sa disposition : chars de combat, artillerie d'accompagnement immédiat, mitrailleuses supplémentaires, etc...;

— point de direction éloigné; objectifs successifs; spécialement, batteries ennemies à enlever;

— bonds à exécuter entre deux objectifs; lignes d'arrêts; durée des arrêts prévus; conventions pour la reprise du mouvement;

— rôle des chars maintenus à la disposition du régiment (s'il y a lieu);

— mission de l'artillerie d'appui direct, correspondance entre les zones d'action normales des groupes ou batteries et les zones d'action des bataillons; éventuellement : horaire et cadence du barrage roulant; signaux convenus avec l'artillerie; etc...;

— missions des mitrailleuses et engins mis à la disposition du régiment;

— missions des groupements de mitrailleuses divisionnaires;

— détachements éventuels constitués; pour chacun d'eux : *chef, mission, moyens*; mesures prises pour la protection des flancs : flancs-gardes de liaison; éventuellement : troupe à laisser sur la base de départ;

— mission de l'unité de génie mise, le cas échéant, à la disposition du régiment;

— fonctionnement des liaisons : P. C. successifs du colonel; axe des transmissions de la division; liaison avec les avions d'infanterie; conventions pour le jalonnement du front; agents de liaison détachés près des unités subordonnées;

— occupation et organisation du terrain conquis (en cas d'opération limitée), échelonnement d'ensemble; liaisons latérales et en profondeur; conduite en cas d'attaque; conduite en cas de repli de l'ennemi.

5° Prescriptions et renseignements complémentaires :

— organisation du ravitaillement;

— organisation du service de santé;

— évacuation des prisonniers;

— tenue, équipement, chargement de la troupe; vivres à emporter;

— emplacements successifs des trains de combat, des dépôts de munitions avancés de la division, du train régimentaire;

6° Jour et heure de l'attaque (souvent donnés ultérieurement).

145. On allège considérablement les ordres d'attaque en mettant en annexes les renseignements sur l'ennemi, s'il sont très étendus, et la plupart des renseignements complémentaires énumérés plus haut.

On gagne beaucoup de temps en faisant précéder l'ordre d'attaque d'un **ordre préparatoire,** rapidement rédigé et transmis. Cet ordre se borne à annoncer l'imminence d'un combat et prescrit les déplacements préalables qu'il est déjà possible de faire exécuter. Pendant que ces mouvements s'exécutent, le colonel arrête définitivement son plan et le traduit par l'ordre d'attaque.

Des cartes et croquis sont répartis jusqu'aux chefs de section, si possible; on devra très souvent se contenter de la carte au 1/80.000.

FORMATIONS DE COMBAT.

146. Le dispositif de combat du régiment dépend du front qui lui est attribué, de l'idée de manœuvre et de la connaissance plus ou moins complète que l'on a de la situation et des possibilités de l'ennemi au moment du départ.

Pour une approche exécutée avant la prise de contact, dans l'ignorance du dispositif adverse, un bataillon est habituellement poussé en avant-garde; les deux autres le suivent, accolés ou successifs.

Pour une approche derrière des troupes déjà en contact, et pour l'attaque qui lui succède, le dispositif comporte en général :

— soit deux bataillons en premier échelon, un en deuxième échelon;

— soit trois bataillons échelonnés l'un derrière l'autre.

147. Le colonel garde toujours une unité à sa disposition pour l'employer à un moment favorable ou dans une circonstance critique.

Sa réserve constitue son moyen personnel d'intervenir efficacement dans la lutte. Il ne néglige aucun des moyens de la reconstituer. Toute unité dépassée et non affectée aux bataillons de premier échelon doit être aussitôt reformée en réserve.

DÉVELOPPEMENT DU COMBAT.

MANŒUVRE.

148. Le colonel ne perd jamais de vue l'importance capitale de la manœuvre.

L'idée de manœuvre doit être clairement communiquée à tous les commandants d'unités subordonnées, afin qu'ils puissent agir avec initiative.

La manœuvre se prépare :

— par la répartition en largeur et l'échelonnement en profondeur des unités d'attaque suivant l'importance de l'effort qui leur est demandé.

— par le choix de l'emplacement et du dispositif des réserves et par la détermination des cheminements qu'elles auront à suivre.

Le colonel cherche à discerner les parties du front où l'ennemi ne peut pas déployer autant de moyens que lui-même, et celles dont l'enlèvement est susceptible d'amener l'ébranlement ou la chute des parties voisines. D'après ces considérations, il choisit les points sur lesquels il portera son effort principal.

Il écarte de ses combinaisons les opérations compliquées ou d'une réalisation difficile sous le feu de l'ennemi.

Pour mieux agir *du fort au faible*, il masque les points fortement tenus par l'ennemi, en les faisant accabler de feux puissants d'artillerie et d'infanterie.

En vue de développer immédiatement les conséquences des premiers succès, il oriente une partie de ses réserves derrière les unités dont la marche plus rapide décèle une zone de résistance moindre. Il ne se démunit cependant pas des réserves qui pourraient lui être nécessaires pour assurer le développement de l'action telle qu'il l'a conçue.

Les limites d'action du régiment et des bataillons n'ont rien de rigide; un chef ne doit pas hésiter à faire passer des éléments par la zone de l'unité voisine, si c'est nécessaire pour mener à bien sa propre mission; il prend ses mesures pour ne pas gêner la manœuvre de cette unité.

LIAISONS ET TRANSMISSIONS.

149. Le Colonel fait fonctionner les liaisons de commandement et de renseignements organisées avant l'action (n° 19).

Il emploie tous les moyens de transmission pour renseigner le commandement, l'artillerie et les unités voisines.

En particulier, il tire le plus grand parti possible des transmissions par T. S. F. et T. P. S., par pigeons voyageurs, ainsi que, le cas échéant, par les cavaliers et les motocyclettes mis à sa disposition.

APPUI DE L'ARTILLERIE.

150. Le Colonel recherche avec l'*artillerie d'appui direct* une coopération intime (chapitre IV du titre Ier). Il utilise le **détachement de liaison** pour lui faire connaître sa situation et ses besoins.

Lorsqu'il est constitué une *artillerie d'accompagnement immédiat*, il donne ses ordres au commandant de cette artillerie, si elle n'est pas déjà répartie entre les bataillons.

Il s'efforce de s'assurer des communications directes ou indirectes avec les commandants de groupements d'artillerie lourde qui tirent devant son front et dont il a connaissance par les ordres d'opérations. Il n'a pas à actionner lui-même ces groupements; mais il est de la plus grande importance qu'il puisse, à un moment donné, par l'intermédiaire du commandement, faire supprimer tout tir prévu à heure fixe devant son régiment ou suspendre immédiatement tout tir en cours, afin de pouvoir profiter sans danger des occasions d'avancer qui s'offrent inopinément.

OCCUPATION ET CONSERVATION DU TERRAIN CONQUIS.

151. Lorsque la mission comporte l'occupation du dernier objectif assigné ou lorsque l'ennemi fait front sur des positions dont l'attaque exige la mise en œuvre de moyens plus puissants, le colonel arrête la répartition du régiment en largeur et en profondeur ainsi que les grandes lignes de l'organisation du terrain.

Il organise lui-même les groupements spéciaux qui ne sont pas composés d'éléments d'un même bataillon. Il donne, s'il le juge utile, des ordres au sujet de l'emploi des engins et des mitrailleuses destinés à assurer les flanquements d'une importance particulière.

Il laisse aux chefs de bataillon l'initiative des détails d'exécution. Il s'assure qu'ils ont maintenu étroitement le contact.

EXPLOITATION DU SUCCÈS.

152. Si la poursuite est possible, elle doit être ininterrompue et acharnée. Elle exige des chefs et de la troupe une énergie toujours tendue et une endurance extrême.

C'est particulièrement dans la poursuite que les unités, orientées sur le but à atteindre, doivent, sans se régler l'une sur l'autre, profiter de toutes les occasions favorables pour progresser résolument dans la direction assignée.

Le colonel laisse donc ses subordonnés développer librement leur initiative, à charge par eux de le tenir exactement renseigné, et de prendre toutes dispositions, s'ils sont en pointe, pour assurer la protection de leurs flancs.

L'ennemi profite presque toujours de l'obscurité pour se dérober. C'est surtout la nuit qu'il faut veiller à maintenir le contact et pousser le plus loin possible des éléments légers, chargés de lancer des signaux lumineux ou d'employer tous autres moyens pour indiquer qu'ils avancent librement. En pareille occurrence, le régiment entier doit rester prêt à suivre sans tarder.

153. Tant que l'ennemi semble capable de faire tête au cours de son repli, il y a intérêt à conserver le dispositif par régiments et bataillons accolés avec lequel l'attaque a été menée. Les éléments de tête de ces unités les devancent hardiment et leur servent d'avant-gardes

Au contraire, s'il apparaît que l'ennemi battu exécute un repli d'une grande amplitude en disputant à peine le terrain, il devient utile de ressaisir peu à peu les éléments plus ou moins dispersés par la poursuite et de reconstituer une avant-garde pour l'ensemble de la division (n°s 356 à 359).

L'avant-garde de la division est habituellement de la force d'un régiment, auquel on adjoint de la cavalerie, de l'artillerie, et parfois du génie.

Si le front n'est pas trop considérable, on y affecte un régiment commandé par son chef, qui est en même temps le commandant de l'avant-garde.

Si le front est trop large pour que la mission puisse être confiée à un régiment, chaque régiment du premier échelon fournit lui-même son avant-garde dans la zone qui lui est assignée. L'ensemble de cette infanterie et des armes nécessaires au fonctionnement de l'avant-garde pourra être placé sous un commandement unique, pourvu des moyens de liaison et de transmissions nécessaires — commandant d'un régiment ou commandant de l'infanterie divisionnaire.

154. L'avant-garde a pour mission de talonner l'ennemi et de bousculer ses éléments d'arrière-garde. Elle opère presque toujours en les débordant et en les menaçant d'enveloppement.

Le gros du régiment d'avant-garde se porte en avant par bonds, en formations plus ou moins diluées, suivant que le feu adverse est plus ou moins à craindre. En cas de résistance sérieuse, le commandant de l'avant-garde l'engage au besoin tout entière.

L'artillerie de l'avant-garde progresse, en principe par échelons, de position en position; elle doit toujours pouvoir entrer rapidement en action, en totalité ou en partie. Elle est sous les ordres directs du commandant de l'avant-garde.

Le détachement de cavalerie fournit des pointes d'officiers et de sous-officiers, ainsi que des patrouilles montées, pour accroître le rayon d'action des éléments de contact. Il fournit aussi des estafettes pour relier entre eux les divers échelons de l'avant-garde.

Le génie remédie aux destructions et aux obstructions exécutées par l'ennemi.

EMPLOI DES RÉSERVES DE RÉGIMENT.

155. Le colonel se conforme aux principes d'emploi des réserves qui ont été exposés aux numéros 109 à 113.

Dès que le combat est imminent, il indique — le plus souvent dans un *ordre préparatoire* — les unités qu'il gardera à sa disposition, les emplacements et, éventuellement, le dispositif qu'elles doivent prendre.

156. Le rôle d'un bataillon réserve de régiment ne saurait être fixé d'avance. En arrêtant son idée de manœuvre, le colonel envisage pour lui une mission probable et la lui fait connaître; mais il peut toujours être amené à l'employer autrement par suite de nécessités qui se dévoilent pendant le combat.

C'est ainsi que ce bataillon peut avoir à renforcer un bataillon de premier échelon ayant déjà usé ses réserves; dans ce cas, il aura le plus souvent à lui fournir une ou deux compagnies pour les remplacer.

D'autres fois, il recevra l'ordre de prolonger les bataillons du premier échelon arrêtés devant une résistance ennemie, encore qu'ils aient conservé toute leur puissance de feu; dans ce cas, rien ne servirait en effet d'augmenter la densité du premier échelon; une manœuvre de débordement est préférable; le bataillon chemine et attaque conformément aux indications données pour un bataillon de premier échelon.

Le bataillon de réserve pourra encore être disposé sur un flanc du premier échelon pour arrêter et refouler une contre-attaque.

Dans d'autres cas, il devra effectuer un *passage de ligne ou d'échelon* (n° 56 de la 1re partie) et prendre à son compte une attaque qu'un bataillon de premier échelon ne peut plus mener à bien.

157. La troupe à laisser sur la base de départ (n° 79) est avantageusement prélevée sur le bataillon de réserve : elle y est disposée avant le débouché. Sa mission terminée, elle reprend sa place dans ce bataillon.

158. Toutes dispositions et reconnaissances doivent être prévues ou effectuées, afin que, si l'une des éventualités possibles vient à se réaliser, l'exécution suive sans perte de temps.

Les bataillons réserve d'infanterie divisionnaire, ou réserve de division, remplacent, s'il y a lieu, les bataillons réserve de régiment ou d'infanterie divisionnaire ou reçoivent une mission particulière.

RAVITAILLEMENT.

159. *Munitions.* — Les munitions du régiment comprennent :

1° Les munitions portées par les hommes et par les échelons des compagnies de mitrailleuses ou des sections d'engins;

2° Les munitions transportées par les trains de combat des bataillons.

Au début du combat, toutes les voitures à munitions restent généralement groupées et suivent le régiment d'après les ordres du colonel. Selon la forme du combat, le colonel assure les transports jusqu'aux bataillons engagés ou bien il laisse à chaque chef de bataillon l'entière disposition de son train de combat, à charge pour lui de donner tous les ordres nécessaires.

Dans les deux cas, le colonel donne au ravitaillement la plus grande impulsion personnelle.

Il y emploie le porte-drapeau. Il met sous ses ordres, pour la durée du combat, le sergent-major artificier, les sapeurs ouvriers d'art, et toutes les unités de ravitailleurs qu'il a reçues de la division ou qu'il a constituées par des prélèvements sur ses propres effectifs. Ces fractions doivent être très énergiquement commandées.

Avant le combat, il constitue, lorsque les circonstances s'y prêtent, des dépôts avancés permettant de recourir le plus tard possible aux munitions du train de combat.

Il fait lotir les cartouches, grenades et artifices en fardeaux d'un transport facile. Il prévoit les catégories de munitions qui lui seront le plus fréquemment réclamées. Il étudie les moyens de pousser les animaux et les voiturettes le plus loin possible et de réduire au minimum le portage à dos d'hommes.

Pendant le combat, il ne cesse de se préoccuper du ravitaillement des bataillons engagés, même lorsqu'il a donné à ceux-ci les moyens de l'assurer eux-mêmes. Il s'enquiert de leurs besoins et s'efforce de satisfaire à toutes leurs demandes.

Il fait recompléter le train de combat en munitions et matériel de toute nature.

160. *Matériel et vivres.* — Les transports de *matériel, d'eau* et de *vivres,* pendant le combat, sont organisés d'après les mêmes principes et de préférence de nuit.

Le colonel fait reprendre le plus tôt possible le ravitaillement normal en vivres par les cuisines roulantes.

CHAPITRE IV.

COMBAT DU BATAILLON.

ROLE DU CHEF DE BATAILLON.

161. Le bataillon est l'unité tactique essentielle, base des combinaisons du commandement. C'est la plus grande unité dont le chef puisse *conduire* personnellement la manœuvre. A ce titre, le bataillon reste presque toujours réuni sous le commandement de son chef et il est doté de tous les moyens nécessaires pour mener un combat d'infanterie complet.

Le rôle du chef de bataillon, avant et pendant le combat, comporte les mêmes devoirs que celui du colonel (nos 68 et 141), mais avec un contrôle plus fréquent des dispositions prises par ses subordonnés, dont il est beaucoup plus rapproché.

Tandis que le colonel manœuvre avec des éléments semblables (bataillons) qui agissent juxtaposés dans des zones d'action distinctes, le chef de bataillon commande à des éléments différents (compagnies de fusiliers-voltigeurs, mitrailleuses, éventuellement chars, engins et canons d'accompagnement) qui agissent par superposition dans une zone d'action commune.

Un autre côté de son rôle est donc d'assurer la coopération à la mission commune d'éléments pourvus d'un matériel différent.

EMPLOI DES DIFFÉRENTS ÉLÉMENTS DU BATAILLON.

COMPAGNIES DE FUSILIERS-VOLTIGEURS.

162. *Ce sont les compagnies de fusiliers-voltigeurs qui mènent le combat offensif. Tous les autres éléments à la disposition du bataillon sont pour elles des renforts de feu et fonctionnent à leur profit.*

Cette subordination des missions est à la base de la tactique du bataillon.

LA COMPAGNIE DE MITRAILLEUSES.

163. Le chef de bataillon emploie à plein rendement sa compagnie de mitrailleuses, compte tenu des nécessités de principe suivantes :

— échelonner les mitrailleuses en profondeur;

— réserver dans le dispositif initial des mitrailleuses disponibles; lorsque les circonstances ont amené à utiliser cette réserve, s'efforcer de reconstituer des disponibilités nouvelles avec des mitrailleuses dont la mission est terminée.

164. L'emploi de la mitrailleuse est justifié dans tous les cas où *le mouvement a besoin de feu* et où il y a lieu de *conserver et d'exploiter les résultats acquis par le mouvement en avant.*

Au débouché de l'attaque, elle neutralise les organes de défense de l'ennemi.

Au cours de l'attaque, elle est employée à :

— renforcer les feux des compagnies;

— conserver la base de départ, puis les objectifs successivement conquis;

— occuper un intervalle existant ou se créant entre deux unités;

— couvrir le flanc d'une unité dont la voisine n'a pas également progressé.

Le mouvement des divers échelons de la compagnie de mitrailleuses est réglé sur la marche de l'attaque, *sans que celle-ci doive jamais en être ralentie ou retardée.*

Après l'attaque, elle relève les groupes de combat de leurs missions de tir les plus importantes et permet de réorganiser les compagnies en profondeur; elle accompagne et renforce les détachements de poursuite.

Affectée sans parcimonie aux détachements d'avant-garde et de prise de contact, elle permet d'y développer un feu puissant, de donner instantanément à l'ennemi une impression de force, d'alléger la tâche des compagnies de fusiliers-voltigeurs et d'assurer, jusqu'à l'arrivée du gros, la conservation des points d'appui atteints.

165. L'ordre d'attaque du chef de bataillon fixe, suivant les cas, la mission de la compagnie de mitrailleuses ou celle des sections de mitrailleuses; s'il le juge utile, il peut fixer lui-même la mission de certains groupes de mitrailleuses.

Il distribue les missions éventuelles de tir contre avions.

166. *Il n'y a pas de règle habituelle pour la répartition de la compagnie de mitrailleuses.*

Tantôt le chef de bataillon a besoin de réaliser des concentrations puissantes de feux sur des objectifs déterminés : il les demande à des tirs directs massifs, exécutés par la totalité ou par une partie de la compagnie de mitrailleuses, sous les ordres de son chef.

Tantôt, il décide que certaines compagnies de fusiliers-voltigeurs seront spécialement appuyées par une ou deux sections de mitrailleuses; le reste de la compagnie, sous les ordres de son chef, reçoit d'autres missions ou fait partie des réserves du bataillon.

167. Lorsqu'une section de mitrailleuses est désignée pour appuyer l'action d'une compagnie de fusiliers-voltigeurs, elle est placée sous les ordres du commandant de cette compagnie. Toutefois, le commandant de la compagnie de mitrailleuses reste qualifié pour vérifier que les principes d'emploi technique des mitrailleuses sont appliqués par les chefs de section. Il est également responsable du ravitaillement. Il y a intérêt à mettre habituellement les mêmes sections de mitrailleuses avec les mêmes compagnies.

Quand des mitrailleuses sont accolées à une section ou à un groupe de combat en vue de remplir une mission commune, le commandement de l'ensemble appartient au chef désigné par le commandant de la compagnie sous les ordres duquel le chef de bataillon a placé ces mitrailleuses.

Si le groupement se produit fortuitement au cours du combat, et que cette désignation n'ait pu être faite, le commandement appartient au chef le plus ancien, qu'il soit ou non commandant d'unité de mitrailleuses.

168. Pour la progression qui succède au débouché, le chef de bataillon se borne généralement à préciser la *mission* de celles des sections de mitrailleuses qu'il n'a pas mises sous les ordres d'un commandant de compagnie. Les chefs de ces sections adaptent d'eux-mêmes la situation de leur unité à toutes les éventualités qui peuvent se produire et usent largement de l'initiative qui leur est laissée, sous la réserve d'être, à tout moment, en mesure de remplir la mission assignée.

Si cela est nécessaire, et comme conséquence de la mission assignée, l'ordre d'attaque peut indiquer également la place des sections ou groupes de mitrailleuses dans le dispositif, leur itinéraire, les objectifs de tir probables et les zones à battre éventuellement (zones probables des contre-attaques ennemies). Ces indications de détail ne peuvent évidemment être fournies que pour la conquête des premiers objectifs et sous réserve que le développement de l'action ne viendra pas imposer aux commandants d'unités de mitrailleuses l'emploi d'autres moyens pour remplir la mission assignée.

169. *L'unité d'exécution du feu est le groupe de 2 mitrailleuses.* Ces 2 pièces sont obligatoirement maintenues sous le commandement direct du chef de groupe; elles reçoivent en principe une mission commune, pouvant comprendre une mission principale et des missions secondaires.

170. Les groupes de mitrailleuses ne possèdent pas de personnel de protection qui leur soit propre. Leur sécurité est assurée :

— par les armes individuelles et les grenades des servants;

— par leur position même, lorsque les mitrailleuses ne sont pas à l'échelon de feu;

— par les groupes de combat les plus voisins pour lesquels cette protection constitue un devoir absolu, quand les mitrailleuses sont à l'échelon avancé.

171. La place normale du commandant de la compagnie de mitrailleuses est auprès du chef de bataillon. L'ordre d'attaque qu'il établit d'après celui du chef de bataillon contient la désignation des unités auxquelles sont attribuées les missions fixées, les prescriptions de détail relatives à l'exécution de ces missions et à l'organisation du ravitaillement, de la liaison et des transmissions.

Le rôle du capitaine pendant le combat, ainsi que tout le détail d'emploi des mitrailleuses, est fixé par une instruction spéciale (1).

172. A tous les échelons, les commandants d'unités de mitrailleuses ont le souci constant d'une préparation de leur tir aussi complète que possible, d'un ravitaillement continu et abondant, d'une liaison active et ininterrompue avec les autres éléments du bataillon.

Ils font tirer soit de positions dominantes par-dessus la

---

(1) Instruction provisoire du 1er octobre 1920 pour les unités de mitrailleuses d'infanterie (2e partie, chapitre I, art. III).

troupe amie, soit à travers les intervalles existant entre les groupes de combat.

Quand ils ne peuvent intervenir utilement d'un emplacement en retrait, ils font mettre en batterie à l'échelon de feu.

173. *Il n'existe pas de circonstances qui puissent justifier ou excuser l'inaction des chefs d'unités de mitrailleuses.*

A défaut d'ordres précis, leur initiative doit les conduire en temps opportun au point voulu pour donner le feu qui permettra d'obtenir le résultat fixé par le chef et poursuivi par tous.

CANONS DE 37 ET MORTIERS D'ACCOMPAGNEMENT.

174. Le chef de bataillon emploie les engins d'accompagnement dont il dispose d'après les mêmes principes que les sections ou groupes de mitrailleuses; tantôt il les affecte par pièce ou section à une compagnie ou à un détachement dont le chef en a la libre disposition; tantôt, en vue de concentrations de feux, il les maintient réunis et leur donne des missions qu'ils remplissent en liaison avec les unités au profit desquelles ils tirent.

Ces missions doivent être en rapport avec les caractéristiques des engins (n°° 58 et 59). A défaut, le chef de bataillon les garde en réserve.

Comme les unités de mitrailleuses, les cadres et les servants des engins d'accompagnement doivent, pendant l'action, intervenir de leur propre initiative, pour prendre à partie tout ce qui gêne la marche en avant des compagnies. Par réciprocité, celle-ci, et les mitrailleuses, doivent couvrir par leur feu la mise en position des engins.

Le canon de 37 est employé :

— à préparer et à accompagner l'assaut par ses feux, en tirant sur les emplacements de mitrailleuses repérés d'avance ou venant à se révéler.

— à renforcer l'occupation de la position conquise.

Il est porté en avant dès qu'il n'est plus utilisable sur son emplacement initial. En raison de sa vulnérabilité, on évite de le placer à l'échelon le plus avancé et de l'employer à courte distance des objectifs. On a recours au tir masqué dans toutes les circonstances favorables. Si l'arrêt sur un objectif est de quelque durée, il est bon de changer d'emplacement, afin d'éviter un repérage facile par l'artillerie ennemie.

De même que le canon de 37, le mortier d'accompagnement a, dans un rayon un peu moindre, son emploi dans toutes les phases du combat.

CHARS DE COMBAT.

175. Le chef de bataillon emploie les chars mis à sa disposition d'après les principes exposés aux nos 287 à 313.

ARTILLERIE D'ACCOMPAGNEMENT IMMÉDIAT.

176. L'emploi de l'artillerie d'accompagnement immédiat et l'aide à demander à l'artillerie d'appui direct font l'objet du chapitre IV du titre I (nos 118 à 126).

DISPOSITIONS PRÉLIMINAIRES.

177. Le chef de bataillon signale au colonel en temps voulu les déficits en personnel et en matériel auxquels il ne peut remédier avec ses propres ressources. L'aménagement des effectifs se fait d'après les règles posées au no 136.

Le chef de bataillon constitue, s'il y a lieu, les groupements éventuels auxquels il destine une mission particulière (avant-garde, flancs-gardes de liaison, nettoyeurs, ravitailleurs, groupements de grenadiers, etc.).

ORDRE D'ATTAQUE.

178. Au cours du combat, les ordres du chef de bataillon doivent être aussi clairs que brefs et ne jamais constituer une cause de retard pour l'exploitation d'une circonstance favorable ou d'un succès.

Dans le cas où il est le plus complet, l'ordre d'attaque du chef de bataillon est établi dans le même cadre que celui du colonel (no 144), en extrayant de ce dernier ce qu'il est strictement nécessaire de faire savoir aux compagnies et en le complétant par toutes les dispositions particulières à prescrire à chaque unité ou fraction devant recevoir pendant le combat les ordres directs du chef de bataillon.

Les missions des compagnies et des unités de mitrailleuses qui ne sont pas affectées à une compagnie doivent ressortir très nettement.

Les liens de dépendance ne doivent donner lieu à aucune ambiguïté. Chaque fois qu'il peut y avoir un doute, il est spécifié si deux fractions concourant à une même mission ont pour chef commun le chef de bataillon ou le chef de l'une d'elles. Dans les deux cas, d'ailleurs, une liaison réciproque doit fonctionner entre elles.

179. Il est rarement opportun de délimiter les zones d'action des compagnies, comme il a été fait pour les bataillons (n° 144, 4°). Il suffit de leur donner des directions et des objectifs successifs. Il en résulte un partage du terrain d'attaque qu'il n'est pas nécessaire de préciser davantage, chaque unité pouvant toujours être amenée à faire passer des éléments par les cheminements de l'unité voisine (n° 148).

180. Le chef de bataillon allège beaucoup ses ordres lorsqu'il peut rassembler ses capitaines et leur communiquer verbalement les renseignements et dispositions diverses contenues dans l'ordre du colonel ainsi que ses propres intentions. Mais il ne néglige jamais de leur donner par écrit leur mission et l'indication de toutes les dispositions qui ne souffrent pas d'erreurs matérielles : horaire de l'artillerie, conventions de signaux, place du chef de bataillon, etc.

181. Lorsque le colonel a envoyé un ordre préparatoire, le chef de bataillon fait prendre sans délai les dispositions habituelles de combat et exécuter les mouvements prescrits.

La ligne devant servir de base de départ est définie par le colonel qui fixe également si la troupe à y laisser est prélevée sur le bataillon d'attaque ou sur le bataillon de réserve (n° 157). Les détails de l'organisation défensive de cette base et des lignes successives qui la remplacent (n° 66) sont du ressort du chef de bataillon de première ligne.

FORMATIONS D'APPROCHE (fig. 4 et 5).

182. *Dans une approche non couverte*, le bataillon de premier échelon a une mission d'avant-garde et de prise de contact.

183. Il adopte habituellement une formation dérivée du *losange* : une compagnie renforcée de quelques mitrailleuses (n° 164) est poussée en avant et est suffisamment étalée pour couvrir le dispositif; les deux autres compagnies forment un deuxième échelon, débordant plus ou moins le premier pour couvrir ses flancs et utiliser toute la zone de marche attribuée au bataillon; le gros de la compagnie de mitrailleuses forme le troisième échelon.

Les deux dernières compagnies et la compagnie de mitrailleuses peuvent aussi marcher les unes derrière les autres.

184. Lorsque le front à éclairer et à couvrir est trop large ou trop coupé pour être mis à la charge d'un seul commandant de compagnie, le bataillon prend une formation dérivée de la *colonne double*. Les deux compagnies du premier échelon poussent en avant le nombre de sections nécessaires. Selon les commodités, l'une d'elles est compagnie de direction, ou bien elles reçoivent chacune un point de direction leur assurant une marche parallèle. La troisième compagnie et le gros de la compagnie de mitrailleuses forment le deuxième échelon. Ils sont accolés, ou bien l'un d'eux est encadré par des fractions de l'autre.

Les engins d'accompagnement attribués au bataillon progressent avec le deuxième échelon ou à sa suite.

185. Sur un terrain où les vues sont moyennement étendues, le bataillon peut occuper un espace d'environ 1.000 mètres en largeur et 1.500 mètres en profondeur : il suffit que les fractions qui prendront le contact puissent recevoir sans tarder l'appui des autres et qu'elles ne risquent pas d'être bousculées isolément dans les premiers moments de l'engagement.

186. Le chef de bataillon marche derrière la ou les compagnies de tête, à portée immédiate de sa réserve et en liaison facile avec le colonel.

Au cours de l'approche, il fait subir à sa formation les modifications nécessaires pour utiliser les cheminements favorables et réduire les pertes au minimum.

Dès que l'engagement prend forme de combat, il commence à resserrer son dispositif afin de passer plus facilement à une formation d'attaque et d'être en état de soutenir le combat de reconnaissance qu'engage son premier échelon (n° 75).

187. *Si l'approche est exécutée derrière des troupes déjà au contact* (n° 77), la formation d'attaque ou la mise en place sur la base de départ sont généralement arrêtées d'avance. Dans ce cas, la formation d'approche à choisir est celle qui exigera les mouvements les plus simples pour devenir, en fin d'approche, le dispositif projeté. Il y a toujours avantage à réduire les évolutions à faire sous la menace du feu à de simples modifications des intervalles et des distances.

FORMATIONS D'ATTAQUE (fig. 6).

188. Les compagnies sont disposées, pour l'attaque, en vue de la manœuvre à exécuter par le bataillon. En toutes circonstances, celui-ci demeure échelonné en profondeur.

189. *Pour le débouché en bloc d'une base de départ*, le chef de bataillon met généralement deux compagnies en premier échelon et une compagnie en réserve.

Les sections de mitrailleuses et, éventuellement, les engins d'accompagnement, marchent à l'un ou à l'autre échelon ou derrière la réserve, selon leurs missions tactiques.

La compagnie de réserve progresse :

— soit dans l'axe du bataillon;

— soit désaxée vers un des flancs pour des raisons d'ordre divers (commodités de cheminement, bataillon d'aile, manœuvre orientée sur un point faible, etc.).

Le front d'attaque habituel est de 300 à 400 mètres pour l'attaque d'une position fortement organisée; il peut atteindre 800 mètres en terrain non organisé ou faiblement organisé.

La distance entre les compagnies du premier échelon et la compagnie de réserve est habituellement de 200 à 400 mètres, — sauf le cas d'un resserrement momentané sur la tête avant le débouché (n° 80).

Si le front d'attaque est étroit, si le terrain est plat et découvert, ou si la résistance prévue est faible, il peut être mis une seule compagnie en premier échelon, les deux autres étant accolées ou successives.

190. Le chef de bataillon marche en tête de sa réserve. Son groupe de commandement progresse dans les mêmes formations que les fractions voisines, de manière à n'attirer ni l'attention ni le feu de l'ennemi.

DÉVELOPPEMENT DU COMBAT.

191. *Le combat de reconnaissance des compagnies de tête* se déroule comme il est exposé aux n°s 73 à 76.

Le chef de bataillon se tient au courant de tous les incidents par son observation directe et par les agents de liaison qu'il envoie auprès de ses unités.

A défaut de chars, il engage successivement ou simultanément ses unités de mitrailleuses, ses engins, son artillerie d'accompagnement, contre les résistances locales que ses compagnies d'avant-garde ne parviennent pas à réduire. Il les fait déborder par ses fractions de réserve qu'il pousse délibérément par les couloirs libres ou faiblement tenus.

Tous ses efforts tendent à *progresser par infiltration sur un large front*, à ne pas se laisser tromper sur l'importance des premières résistances et à venir border le plus près possible la véritable position adverse; il ne s'arrête que lorsqu'il est bloqué partout par un feu supérieur.

Il tient fréquemment le colonel et les bataillons voisins au courant des résultats acquis et des renseignements recueillis. Il prévoit les contre-attaques possibles. Sa réserve, ses mitrailleuses et ses engins disponibles doivent être prêts, sur un ordre extrêmement court, ou même spontanément, à agir dans les directions menacées.

192. *Dans une attaque débouchant d'une base de départ*, le chef de bataillon suit de près l'action des compagnies d'attaque et ne perd pas de vue l'accomplissement de sa mission, qu'il assure soit par la manœuvre projetée, soit autrement. Il faut s'attendre, en effet, à ce que, sur certains points, de fortes réactions adverses empêchent l'attaque de se développer conformément aux prévisions.

C'est surtout à partir du moment où l'artillerie de campagne, à bout de portée, commence ses déplacements par échelons, que le chef de bataillon doit faire acte d'initiative et combiner le feu et le mouvement pour poursuivre la progression.

En ce cas, le tir des mitrailleuses et des engins du bataillon, concentré massivement sur certains îlots de résistance, prend le caractère d'une véritable préparation. A la faveur de ces tirs, des groupes de combat, utilisant les défilements et les couverts les plus favorables, cherchent à continuer leur progression sur les flancs de la résistance rencontrée.

Quand la manœuvre d'aile ne peut se développer, l'abordage s'impose. Les tirs de préparation sont arrêtés à l'heure fixée ou au signal convenu — au besoin sur l'initiative des chefs de pièce, toujours attentifs à ne pas gêner les groupes de combat qui s'avancent.

L'assaut est donné.

193. Lorsque le premier échelon s'infiltre hardiment, en négligeant certains îlots dépassés mais non réduits, il a à craindre le feu des mitrailleuses se dévoilant après son passage. On évite ce danger par les dispositions prises pour le nettoyage (n° 341), et, si les unités de nettoyeurs ne suivent pas immédiatement le premier échelon, par une liaison intime entre cet échelon et les suivants, auxquels sont signalés les îlots suspects laissés en arrière. Ceux-ci sont réduits par des fractions désignées de la réserve, qui les attaquent de préférence de flanc ou à revers.

194. La progression d'un bataillon de premier échelon, après la rupture d'un front fortifié, est généralement prévue jusqu'au delà des premiers emplacements d'artillerie légère. Les batteries enveloppées sont mises hors de cause sans délai.

OCCUPATION ET CONSERVATION DU TERRAIN CONQUIS.

195. Lorsque le bataillon a atteint son objectif définitif ou est obligé de s'arrêter devant une ligne de défense continue, le chef de bataillon, après reconnaissance de la ligne avancée ennemie et des dispositions prises par les capitaines dès l'arrêt (n° 100), donne ses ordres pour l'organisation de la position.

Il applique les principes déjà exposés au n° 102 et les procédés de défense du terrain qui font l'objet du titre III.

Son premier soin est de déterminer la position à faire occuper par **l'échelon de résistance du bataillon;** il remanie ensuite le dispositif de fin de combat, de façon à récupérer le plus grand nombre possible des groupes précédemment portés en avant; il les emploie à reporter à l'échelon de résistance la majeure partie des forces du bataillon, s'il en est besoin, ou à augmenter la profondeur. Les mouvements à faire en conséquence ne pourront en général avoir lieu que la nuit.

Sans être nécessairement sur leur prolongement, la position de résitance (n° 400) d'un bataillon doit se souder à celle des bataillons voisins. Le choix de cette position doit donc être arrêté en liaison avec les bataillons de droite et de gauche et, de préférence, après approbation du chef commun.

Le chef de bataillon établit un plan d'organisation dont l'exécution doit être progressive et dépendra de la durée du stationnement sur l'objectif conquis.

Il veille à ce que l'artillerie ajuste ses tirs en parfaite connaissance du front occupé par le bataillon.

Il envoie les reconnaissances nécessaires pour obtenir *un contact aussi complet que ses moyens le lui permettent* (n° 16).

Il reste prêt à reprendre l'attaque si la défense faiblit ou si l'ordre en est donné.

EXPLOITATION DU SUCCÈS.

196. Qu'ils soient précédés ou non par la cavalerie, les bataillons de premier échelon ou d'avant-garde reprennent peu à peu l'une des formations qui ont été indiquées pour l'approche précédant la prise de contact (n° 182). La couverture des flancs fait l'objet d'une attention spéciale; il en est de même des liaisons, notamment de celles avec l'artillerie.

Les éléments avancés maintiennent ou reprennent le contact et cherchent à refouler les fractions d'arrière-garde.

La conduite qu'ils ont à tenir est la même que lors de la rencontre des éléments avancés de la première position.

EMPLOI DES RÉSERVES DE BATAILLON.

197. Le chef de bataillon se conforme aux principes exposés aux n°° 109 à 113.

Pour une attaque au débouché d'une base de départ, il conserve en général à sa disposition une compagnie de fusiliers-voltigeurs et une ou deux sections de mitrailleuses.

Les engins d'accompagnement sont maintenus en réserve tant qu'il ne se présente pas de résistances exactement situées justifiant leur emploi.

Aussi longtemps que la réserve n'est pas engagée, elle doit parer aux dangers que courent les flancs du premier échelon, notamment si le bataillon est en flèche ou séparé de ses voisins par de grands intervalles.

Le chef de bataillon veille tout spécialement à ce que la réserve ne rejoigne pas d'elle-même les compagnies de tête. Dans bien des cas, un renforcement ne produirait d'autre résultat que d'augmenter les pertes. Il est préférable de ménager la réserve, soit pour faire une manœuvre de flanc ou d'encerclement, soit pour riposter à une contre-attaque.

Avant le débouché, la compagnie de réserve est orientée sur les points où l'on suppose que la progression sera le plus facile. Le terrain et les renseignements sur l'ennemi donnent des indications à ce sujet. Toutefois, la marche du combat éclairera seule définitivement sur l'emploi qu'il importe de faire de la réserve.

Le chef de bataillon reconstitue sa réserve en reprenant toute unité dépassée, tout détachement dont la raison d'être ne subsiste plus. En dernier lieu, il fait appel au colonel.

RAVITAILLEMENT.

198. Lorsque le chef de bataillon a l'entière disposition de son train de combat, il organise son ravitaillement d'après les principes exposés aux nos 115 et 159.

Il choisit un endroit abrité, proche ou non de son poste de combat, comme **centre de ravitaillement du bataillon.** Il le fait gérer par le caporal clairon, sous la surveillance particulière de l'adjudant-major. Le sergent artificier reste au commandement du train de combat et se maintient en liaison avec le chef de bataillon.

Si les munitions ne peuvent être poussées sur roues ou sur bâts jusqu'au dépôt du bataillon, le transport à dos d'homme est assuré par des corvées fournies par les unités à la disposition du colonel ou prélevées sur les effectifs du bataillon.

199. Lorsque le ravitaillement du dépôt du bataillon est assuré par le colonel, le chef de bataillon n'a à prévoir que le transport entre ce dépôt et les **postes de ravitaillement des compagnies.** Selon les cas, il y emploie les détachements de ravitailleurs qu'il a constitués, ou bien il prescrit que les capitaines enverront les pourvoyeurs des groupes de combat jusqu'au centre de ravitaillement du bataillon. En cas d'urgence absolue, il fait exécuter ce transport par les ravitailleurs qu'il a reçus du colonel et qu'il pousse, sans rompre charge, jusqu'aux compagnies. De là, ces corvées sont renvoyées directement aux unités qui les ont fournies. Elles peuvent être chargées d'escorter des prisonniers au poste de commandement du colonel.

200. Quelle que soit l'organisation adoptée, il est essentiel que chaque chef de corvée connaisse exactement l'étendue de sa mission et de sa responsabilité. Il doit être porteur d'une fiche indiquant le matériel qu'il apporte et se présenter en personne au chef qu'il ravitaille ou au sous-ordre qualifié.

PARTICULARITÉS RELATIVES AUX BATAILLONS DE DEUXIÈME ET DE TROISIÈME LIGNE (1).

201. En liaison étroite avec eux, les bataillons de deuxième ligne se conforment aux mouvements des bataillons de première ligne; ils les suivent dans les formations indiquées pour l'approche derrière des troupes au contact.

Le chef de bataillon se tient en tête. Attentif à la marche du combat, il surveille les flancs et les intervalles. Il s'engage spontanément au besoin.

Avec tout ou partie de ses mitrailleuses, il peut être chargé au profit des bataillons de première ligne :

— de couvrir, le cas échéant, les flancs de ces bataillons;

— d'appuyer leur attaque, quand la forme du terrain est favorable, en faisant tirer par-dessus les troupes avec ses mitrailleuses.

La mission spéciale de ces mitrailleuses est définie par le chef de bataillon conformément aux ordres du colonel. Les dispositions adoptées doivent, dans tous les cas, permettre au bataillon de deuxième ligne de s'engager avec toutes ses mitrailleuses au moment où il est appelé à passer en première ligne.

202. Un bataillon de troisième ligne progresse de même.

203. Avant le débouché, le bataillon de deuxième ligne serre, s'il est nécessaire, sur les bataillons de première ligne, de manière à échapper aux tirs d'arrêt de l'artillerie ennemie; il reprend ensuite son échelonnement (n° 80).

204. Quand le bataillon doit effectuer un *assage de ligne*, il prend sa formation d'attaque en arrière du bataillon arrêté qu'il doit dépasser. Pour éviter le mélange des unités, ses éléments restent en petites colonnes. Le mouvement est réglé de manière que les éléments de tête atteignent les éléments avancés du bataillon à dépasser le moins de temps possible avant l'heure ou le signal fixant la reprise de l'attaque. La vulnérabilité augmentant tandis que les bataillons se doublent, il est recommandé d'exécuter le passage de ligne à

(1) Ou de deuxième et de troisième échelon (N° 51 de la premièr partie).

l'abri d'un ressaut de terrain, ou sous bois, ou derrière des artifices fumigènes. Le bataillon dépassé passe en réserve (deuxième ou troisième échelon).

205. Dans la poursuite, le bataillon de deuxième ou de troisième ligne suit le mouvement, largement articulé en largeur et en profondeur; il progresse par larges bonds; dans les terrains où rien ne peut déceler sa présence, il peut même se rapprocher de la formation de route afin d'avancer plus aisément.

CHAPITRE V.

COMBAT DE LA COMPAGNIE.

ROLE DU CAPITAINE.

206. Le rôle du capitaine est :

— d'assurer le *mouvement en avant* dans la direction assignée;

— de donner à ses *feux*, dans ce but, toute l'intensité nécessaire;

— de maintenir, en tout temps, sa compagnie dans une *formation peu vulnérable* et de chercher à lui conserver, le plus longtemps possible, les avantages de l'*échelonnement en profondeur*.

Il a en outre à se préoccuper fréquemment des *liaisons*, du *ravitaillement en munitions* et de la *conservation du contact*.

DISPOSITIONS PRÉLIMINAIRES.

207. Le capitaine arrête, s'il ne l'a déjà fait, le nombre de groupes qu'il peut former avec l'effectif réellement disponible de sa compagnie. Il en déduit le nombre, la composition et l'encadrement des sections telles qu'elles prendront part au combat. Il désigne les suppléants éventuels des chefs de section. Il laisse au train de combat les armes automatiques qu'il ne peut faire servir.

Il emploie le personnel en excédent à augmenter le nombre des fusiliers pourvoyeurs ou, selon les ordres reçus, l'envoie au chef de bataillon qui en constitue des groupes de ravitailleurs (n° 109). Les gradés en excédent sont employés à des missions de liaison ou de ravitaillement ou comme serre-files, s'ils n'ont pas été mis en réserve de commandement (n° 142).

Lorsque ces unités de mitrailleuses ou d'engins d'accompagnement ont été mises à la disposition de la compagnie, le capitaine règle les rapports de dépendance comme il a été dit au n° 167.

ORDRE D'ATTAQUE.

208. L'ordre d'attaque du capitaine est un extrait de celui du chef de bataillon complété par toutes les indications concernant l'action particulière de la compagnie.

Si le temps presse, il peut être donné verbalement aux chefs de section et aux chefs d'unités de mitrailleuses. Dans ce cas, il leur est, autant que possible, remis un croquis.

Le capitaine dégage d'abord nettement la *mission de la compagnie*, qui est en général très simple et doit être gravée dans tous les esprits; il expose ensuite comment il a résolu de la remplir, puis il répartit les tâches et les moyens entre chacun de ses subordonnés.

Il prend toutes les précautions possibles pour prévenir les erreurs de direction, à craindre notamment dans l'obscurité ou dans la fumée; elles proviennent également de la tendance qu'ont les hommes à déboucher dans une direction perpendiculaire à l'élément dans lequel ils s'abritaient ou à suivre des lignes naturelles du terrain. *On évite les erreurs de direction en indiquant à tous les gradés l'angle à la boussole.*

Les croquis sont, s'il est possible, répandus jusqu'aux chefs de groupe; mais ils ne sont distribués que peu de temps avant l'attaque. On donne également par écrit les renseignements nécessaires pour éviter les défaillances de mémoire (conventions pour les signaux, etc.).

209. Jusqu'au dernier moment, des précautions sont prises pour que rien ne vienne priver l'attaque de l'effet de surprise, toujours recherché. Le jour et l'heure de l'attaque sont communiqués verbalement et le plus tard possible. Il en est de même de certains renseignements sur l'ensemble de la situation et sur le but général de l'attaque projetée qu'il peut être nécessaire de faire connaître à tous les hommes pour exalter leur esprit offensif, mais qui ne doivent figurer dans aucun document écrit, à aucun échelon de l'infanterie.

APPROCHE AVANT LA PRISE DE CONTACT.

210. *L'approche sur un terrain où le contact n'est pas encore pris* s'étend depuis le moment où la compagnie quitte la *formation de route* jusqu'à celui où les premiers éléments de l'infanterie ennemie se dévoilent par leur tir. Les feux à craindre sont surtout ceux de l'artillerie et de l'aviation.

La compagnie ou les compagnies chargées de couvrir la marche du bataillon (n°ˢ 183 et 184) sont réparties par sections sur plusieurs échelons dont le premier est largement étalé, de manière à sonder sur son passage tous les points particuliers du terrain.

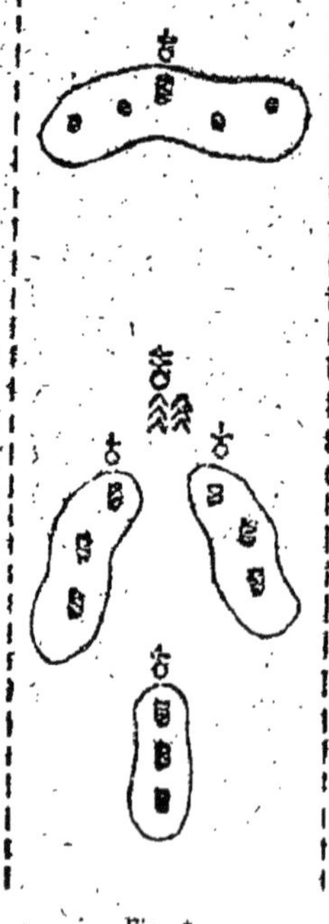

Fig. 7.

Une compagnie peut être chargée d'éclairer un front de 300 à 500 mètres. Elle précède les compagnies de deuxième échelon de 500 à 600 mètres.

211. La formation dérivée du *losange* (fig. 7) convient aux compagnies du premier échelon lorsque le terrain est découvert et que le front de marche de la compagnie n'est pas trop considérable. Les éléments d'extrême pointe sont fournis par la section de tête qui peut être poussée à 300 mètres environ en avant des autres; elle peut être renforcée par des éclaireurs montés.

Cette formation se transforme aisément en une formation d'attaque comprenant 1, 2 ou 3 sections à l'échelon de feu.

212. La formation en *colonne double* (fig. 8) convient à un front plus grand ou à un terrain plus difficile à explorer. Elle se transforme immédiatement en une formation d'attaque comprenant 2 sections à l'échelon de feu.

213. La formation en *triangle* remplace les précédentes lorsque la compagnie est réduite à 3 sections. Elle comprend, suivant le front à couvrir, une ou deux sections au premier échelon (fig. 9 et 10).

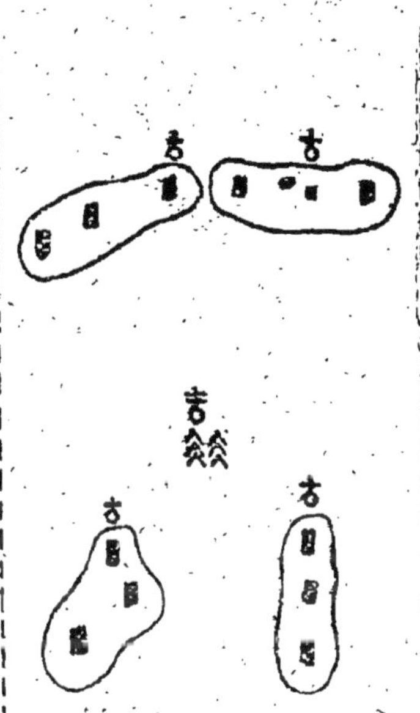

Fig. 8.

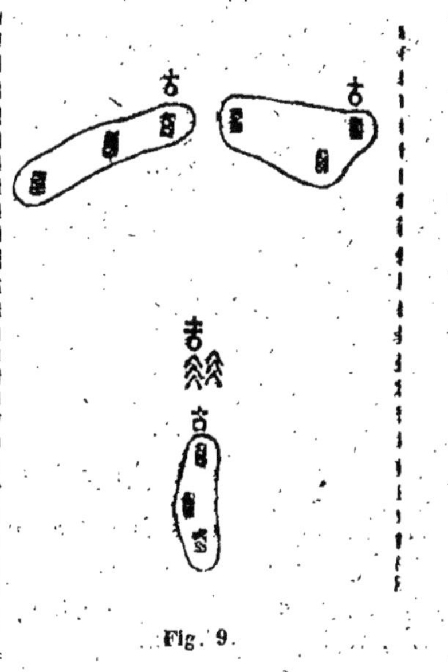

Fig. 9.

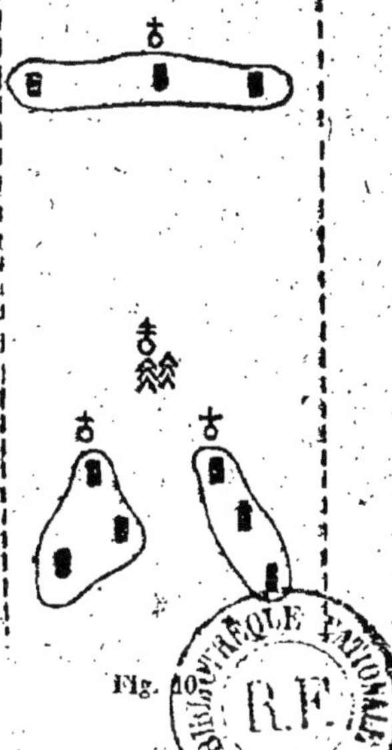

Fig. 10.

214. La compagnie à 4 sections se forme en triangle avec 3 sections au premier échelon (fig. 11) lorsqu'elle marche

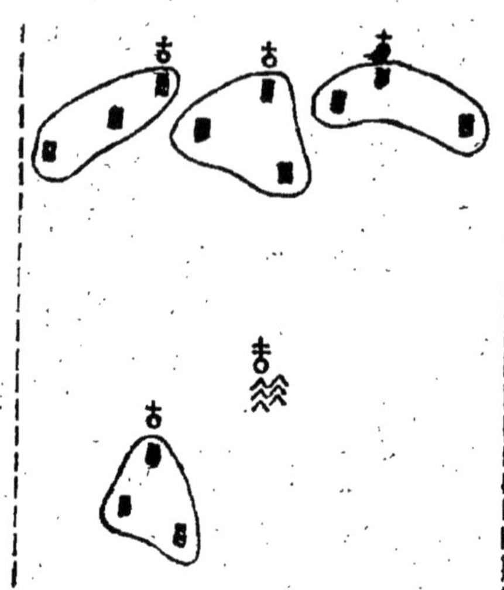

Fig. 11.

sur un front exceptionnellement large ou lorsque l'on prévoit qu'elle aura à développer dès le début de son action une grande puissance de feu.

215. Dans toutes ces formations, la distance entre deux échelons successifs doit être suffisante pour qu'ils ne se mélangent pas et pour qu'ils ne soient pas affectés, autant que possible, par les effets des mêmes projectiles; elle varie de 100 à 300 mètres.

La profondeur de chaque échelon doit être assez faible pour que le commandement des chefs de section puisse s'exercer. *En principe, tous les groupes d'une même section appartiennent au même échelon.*

Le capitaine donne la direction aux chefs des sections de tête et se tient vers le centre de son unité, en avant du deuxième échelon. Il cherche à rester relié à la vue avec le chef de bataillon.

Le groupe de commandement, lié au capitaine, marche à la place qui lui est assignée, dans une formation qui ne permette pas de le distinguer des autres éléments de la compagnie.

Les mitrailleuses et engins affectés à la compagnie marchent avec le deuxième et le troisième échelon.

216. Aussi longtemps que l'artillerie est seule à craindre, chacun des éléments de la compagnie se déplace par série de bonds plus ou moins étendus, en évitant les parties battues ou de parcours difficile. Les chefs de section et de groupe s'efforcent de ramener toujours le dispositif de la compagnie à la forme et aux dimensions qui ont été prescrites.

PRISE DE CONTACT.

217. La compagnie progresse ainsi jusqu'à ce que des coups de feu provoqués par la marche de groupes avancés l'avertissent qu'elle a devant elle de l'infanterie ennemie.

Pour en prendre le contact, la compagnie attaque. Il s'agit pour elle de poursuivre sa mission de reconnaissance, malgré la résistance rencontrée.

218. La formation d'attaque habituelle est sur deux échelons : l'**échelon de feu** et l'**échelon de réserve.**

Cet échelonnement en profondeur facilite l'exercice du commandement et le maintien de la compagnie en ordre et en direction; il diminue la vulnérabilité; il permet les renforcements et la manœuvre.

Il doit être recherché dans toutes les circonstances du combat.

219. *Le capitaine constitue son* **échelon de feu** *en y portant le nombre de sections qu'il estime nécessaire pour acquérir sur tout son front la supériorité du feu* (n° 86).

Il tient compte de l'étendue de ce front, de l'aspect du terrain et de l'importance des résistances qu'il y suppose dissimulées.

Cette prescription est compatible avec celle de l'échelonnement en profondeur grâce au grand rendement des armes automatiques, le tir des autres armes n'étant qu'un tir éventuel ou un tir d'appoint.

Pour disposer de feux suffisamment puissants, le capitaine n'a besoin, sur le front qui lui est habituellement assigné, que d'une partie de ses armes automatiques; *il peut par conséquent garder sa compagnie disposée en profondeur très longtemps.* Seules les pertes et la nécessité de conserver la supériorité du feu l'amèneront par la suite à fondre peu à peu les autres échelons dans l'échelon de feu.

Dans chaque section et dans chaque groupe de l'échelon de feu, les déploiements convenables sont exécutés pour que l'on puisse riposter au feu par le feu et profiter de tout arrêt du feu ennemi pour avancer aussitôt.

220. En se basant sur un espacement d'une cinquantaine de mètres (1) entre les armes automatiques, le capitaine assure en général à son front *un nombre d'armes suffisant pour qu'il n'existe en avant de la compagnie aucun espace non battu et pour qu'un feu intense puisse être déclanché instantanément, sans manœuvre préalable, sur tout point dangereux ou suspect.*

Avec un tel espacement, les groupes disposent d'assez de place pour pouvoir se diluer et rester peu vulnérables; ils sont assez rapprochés pour se voir, se prêter un mutuel appui et *empêcher toute infiltration entre eux.*

221. Les sections de réserve et, s'il y a lieu, les mitrailleuses forment un et quelquefois deux échelons en arrière de l'échelon de feu. Dans le but d'assurer la cohésion et la prompte intervention de la réserve, la profondeur totale de la compagnie est plus faible dans la formation d'attaque que dans la formation d'approche.

222. La formation d'attaque comprend donc 1, 2 ou 3 sections en premier échelon.

Le premier dispositif (fig. 12) ne convient qu'à une attaque sur un front très étroit ou contre un ennemi peu tenace.

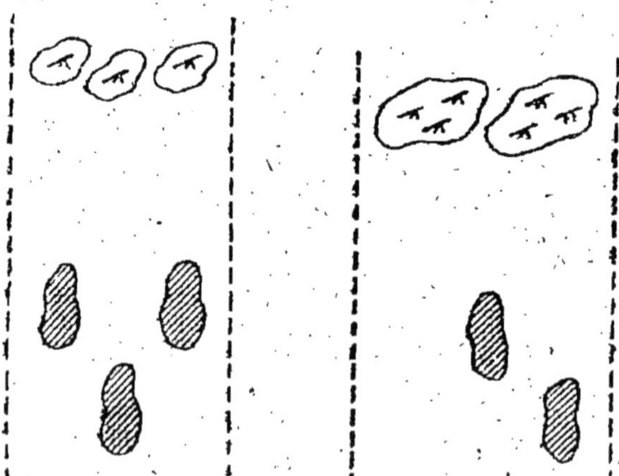

Fig. 12. Fig. 13.

Le second (fig. 13) met à l'échelon de feu la moitié des armes automatiques de la compagnie. C'est là une propor-

(1) Le chiffre indiqué n'a d'autre but que de fixer les idées; il peut être largement interprété.

tion presque toujours suffisante lorsque la compagnie peut compter d'autre part sur une aide immédiate des mitrailleuses, de l'artillerie ou des chars. Economisant ainsi, au début, la moitié de ses moyens de feu, la compagnie peut *durer* et conserver longtemps les avantages de l'échelonnement en profondeur.

La formation comprenant 3 sections à l'échelon de feu (fig. 14) est avantageuse lorsqu'à défaut de chars, l'infanterie doit chercher à acquérir par ses seuls moyens la supériorité du feu en attendant l'intervention de l'artillerie. Avec 3 sections, on développe en effet sur un front de 200 à 250 mètres une puissance de feu considérable.

Il serait toutefois imprudent de la dépasser au début du combat si l'on veut la soutenir pendant quelque temps.

Il est toujours gardé en réserve au moins une section.

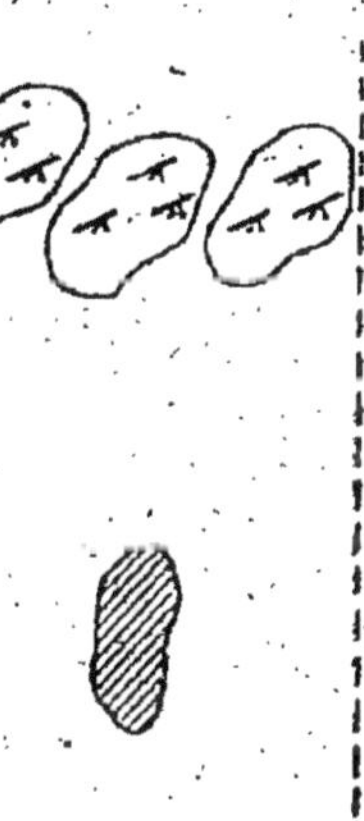

Fig. 14.

223. Le passage de la formation d'approche à la formation de combat s'effectue progressivement et, autant que possible, sans arrêter le mouvement en avant.

Le combat de reconnaissance se déroule comme il a été exposé au n° 75, jusqu'à ce que la compagnie, ayant peu à peu porté au premier échelon tous ses moyens de feu et impuissante à poursuivre sa progression par ses seuls moyens, s'organise sur l'extrême ligne qu'elle a atteinte, ligne qui servira de base de départ aux attaques suivantes.

APPROCHE DERRIÈRE DES TROUPES AU CONTACT.

224. Lorsque l'approche a lieu sur un terrain solidement tenu en avant par des troupes amies, la compagnie est fractionnée et échelonnée en plusieurs colonnes qui se dirigent sur l'emplacement qu'elles doivent finalement occuper en utilisant tous les défilements possibles (bois, boyaux, etc.) et en apportant un soin spécial à éviter les bas-fonds infectés par les gaz. Le capitaine la guide.

En dehors des chemins, la formation en une seule colonne est la plus facile à guider la nuit.

ATTAQUE AU DÉBOUCHÉ D'UNE BASE DE DÉPART.

225. *Pour l'assaut d'un point d'appui fortement organisé*, le front de départ de la compagnie est de 200 mètres environ. Il peut être augmenté quand l'ennemi n'a pas eu le temps de se retrancher solidement.

Les formations d'attaque comportent comme précédemment deux ou trois sections à l'échelon de feu et au moins une section à l'échelon de réserve. Les mitrailleuses font partie de cet échelon ou le suivent.

La distance entre les deux échelons de la compagnie est de 50 à 150 mètres.

Si la base de départ manque de profondeur, il est parfois nécessaire de faire serrer l'un sur l'autre les échelons pour les abriter tous les deux. Dans ce cas, ils débouchent simultanément et prennent leur distance en marchant.

226. Le capitaine arrête le dispositif en tenant compte notamment :

— des renseignements qu'il possède sur l'ennemi, en particulier sur les emplacements de ses mitrailleuses;

— de l'étendue du front de combat de la compagnie;

— des cheminements favorables;

— des brèches ouvertes dans les obstacles;

— de la manœuvre qui lui semble le plus propre à faire tomber les résistances adverses;

— des tirs d'appui direct prévus pour l'artillerie;

— des ordres donnés aux chars de combat;

— de l'emploi qu'il prévoit pour sa réserve;

— des dispositions à prendre pour la couverture des flancs de la compagnie;

— du nombre de sections ou de groupes de combat qu'il décide de garder à sa disposition.

227. Le capitaine répartit les missions entre les diverses fractions suivant les renseignements qu'il possède.

Tantôt il ne peut donner aux sections du premier échelon que des indications d'objectifs ou de direction, avec la mission générale d'attaquer tout ce qui s'opposerait à leur marche.

Tantôt il connaît par des croquis détaillés ou par des photographies la profondeur de la première zone à conquérir et ses principaux points de résistance. Il en déduit la composition à donner au premier échelon. Il étudie avec les chefs de section les missions particulières à fixer à chaque groupe de façon que tous les points particuliers ou suspects soient maîtrisés et nettoyés jusqu'à la première ligne d'arrêt prévue.

228. Le capitaine marche en avant de l'échelon de réserve, en liaison étroite avec lui.

S'il est prévu des nettoyeurs, ils marchent comme il est dit aux n°° 347 et suivants.

DÉVELOPPEMENT DU COMBAT.

229. Le débouché de la base de départ a lieu comme il a été dit aux n°° 79 et suivants.

La compagnie vise à dominer la défense par la progression ininterrompue de tous les éléments.

Si des résistances plus fortes enrayent la marche en avant, il faut immédiatement les neutraliser par le feu, tout en les débordant par la progression des ailes.

Le capitaine s'efforce de réduire le plus rapidement possible les résistances locales, de manière que la compagnie lie son action à celle de l'artillerie et des chars de combat et qu'elle enlève d'un seul élan tout le terrain compris entre la base de départ et la première ligne d'arrêt prévue.

Si tous les groupes du premier échelon ont pu remplir leur mission sans obliger le capitaine à engager ceux du deuxième échelon, ils tiennent alors les points principaux de la lisière de la position atteinte, tandis que les groupes du deuxième échelon et, s'il en existe, les fractions de nettoyeurs réduisent les îlots enveloppés.

230. A la reprise du mouvement, le premier échelon, renforcé s'il y a lieu, repart pour l'objectif suivant. Le capitaine assure la durée de l'effort en veillant à ce que le second échelon ne rejoigne pas prématurément le premier.

Les groupes de combat ne sont remplacés que dans la limite où ils ont disparu à peu près complètement. Leur nombre n'est augmenté que si le besoin d'un accroissement de feu l'exige. *Un groupe réduit à son arme automatique et à quelques hommes est encore susceptible de fournir un feu violent.*

231. Il arrive cependant que l'importance de ses pertes ou quelque autre cause oblige le capitaine à fondre peu à peu ses deux échelons en un seul. S'il le peut, il reconstitue un second échelon en maintenant sur place quelques-uns des groupes les plus usés ou bien en formant des groupements provisoires avec des éléments dispersés par les péripéties de la lutte.

S'il a dû engager son dernier homme, il se porte lui-même à l'échelon de feu avec son groupe de commandement et actionne directement les groupes avec lesquels il est en contact immédiat. *Son principal souci est d'empêcher sa compagnie de s'immobiliser.*

C'est au chef de bataillon, informé que la compagnie n'a plus de réserves, de juger, d'après l'ensemble du combat, quel effort elle doit encore fournir et le moment où il devient opportun de la renforcer ou de la faire dépasser par une autre unité.

232. Si la compagnie est obligée de s'arrêter, le capitaine reconnaît la position ennemie et cherche à discerner ses points forts et ses points faibles. Il tient l'adversaire sous le feu pour faciliter aux unités voisines une progression qui suffira souvent pour faire tomber la résistance rencontrée et provoquer la reprise du mouvement de la compagnie arrêtée.

233. Le feu de la compagnie est renforcé par le feu intense des mitrailleuses qui l'appuient et par celui des engins du bataillon en mesure d'intervenir.

234. S'il perd momentanément le contact de l'ennemi, le capitaine le recherche et le prend aussitôt que possible par sa progression même. En terrain accidenté ou couvert, la marche est protégée par quelques groupes opérant en patrouilles (n° 317).

OCCUPATION ET CONSERVATION DU TERRAIN CONQUIS.

235. Lorsque l'objectif assigné est atteint ou qu'une résistance continue et insurmontable impose l'arrêt, le capitaine organise sa compagnie en profondeur (n°ˢ 102 et 100), y remet de l'ordre et rétablit les liaisons.

Il garde le contact étroit de l'ennemi.

S'il s'agit d'un arrêt imprévu, les premières dispositions sont nécessairement celles que prennent d'eux-mêmes les chefs de groupe et de section, y compris ceux des mitrailleuses (n° 180). Elles visent à *l'organisation d'un système de feux croisés, assurant immédiatement un barrage aussi complet que possible.*

S'il s'agit de l'objectif assigné, la compagnie organise le terrain conformément à l'ordre d'attaque. Le capitaine vérifie et améliore le réseau de feux défensifs improvisé par ses subordonnés.

EXPLOITATION DU SUCCÈS.

236. Lorsqu'on a dépassé la zone des résistances continues, les compagnies qui sont en premier échelon ont à mener un combat analogue à celui qui a précédé l'abordage de la position principale.

Les unités se trouvent de nouveau sur un terrain peu organisé et ont devant elles un adversaire dont la situation et la force de résistance sont mal connues.

Les commandants de compagnie ont pour principale préoccupation de *maintenir le contact de l'ennemi sur la direction assignée.* Ils puisent dans le premier succès obtenu une nouvelle audace. Ils marchent en garde, dans une formation semblable à celle qui convenait à l'approche précédant la prise de contact; ils utilisent tous les cheminements défilés pour gagner rapidement du terrain en avant. Ils s'appliquent à conserver les liaisons malgré les mouvements hardis et lointains où peut entraîner la poursuite.

EMPLOI DE LA RÉSERVE DE LA COMPAGNIE.

237. Le capitaine utilise sa réserve soit à renforcer l'échelon de feu, soit à manœuvrer.

Lorsque le capitaine peut n'engager au début de l'attaque que la moitié de ses groupes, l'autre moitié constitue sa réserve; il s'efforce de la faire durer le plus longtemps possible.

Le dépassement de l'échelon de feu par un échelon de réserve de force égale est d'un emploi exceptionnel à l'intérieur de la compagnie.

Le principe est que *tout groupe placé à l'échelon de feu y combat tant que la compagnie n'est pas elle-même dépassée tout entière.*

238. La distance à laquelle se tient le deuxième échelon et la profondeur de cet échelon sont très variables, ce qui permet de rechercher les meilleurs abris ou les meilleurs défilements et de soustraire les éléments réservés aux coups dirigés sur les autres.

Le capitaine tient la main à ce que le deuxième échelon reste disponible et ne se fonde pas de lui-même dans le premier.

Mais il n'hésite pas à engager sa réserve tout entière, si cela est nécessaire pour acquérir la supériorité du feu, assurer l'accomplissement de sa mission, faire une manœuvre, repousser une contre-attaque ou exploiter une occasion favorable.

RAVITAILLEMENT.

239. Le ravitaillement n'est possible le jour que pendant les stationnements, courts ou prolongés, qui entrecoupent le combat.

Dans toutes les circonstances où il est possible de le faire fonctionner, et en tout cas la nuit, le capitaine choisit un emplacement abrité et défilé aux vues comme **poste de ravitaillement de la compagnie.** Il y détache le personnel nécessaire pour recevoir et distribuer les munitions.

C'est à ce poste de ravitaillement, qu'il est bon de signaler par un moyen convenu (fanion, etc...), qu'aboutissent les corvées envoyées par le chef de bataillon (n° 199) et que viennent les pourvoyeurs des groupes de combat. Si les arrivages de l'arrière étaient insuffisants ou nuls, le capitaine pourrait grouper un certain nombre de pourvoyeurs et les envoyer au **centre de ravitaillement du bataillon.** Aucun homme ne peut quitter le terrain de combat de la compagnie sans autorisation formelle et sans faire partie d'une corvée dont le chef a été nommément désigné.

240. Le ravitaillement des mitrailleuses affectées aux échelons avancés est assuré par les dispositions prises dans la compagnie de mitrailleuses. Il a lieu, soit par envois directs aux pièces, soit en utilisant le centre de ravitaillement du bataillon et les postes de ravitaillement des compagnies.

PARTICULARITÉS RELATIVES A LA COMPAGNIE RÉSERVE DE BATAILLON ET AUX COMPAGNIES DE 2e ET 3e ÉCHELON.

241. Pour l'approche avant la prise de contact ou derrière des compagnies en formation d'attaque, les compagnies de deuxième et troisième échelon sont échelonnées par sections, et celles-ci par groupes, dans un espace qui peut atteindre 800 mètres en largeur et 600 mètres en profondeur.

Cette dispersion les rend peu vulnérables; elles demeurent cependant prêtes à toute éventualité pourvu que les groupes de combat voisins restent en liaison à la vue et en état de se flanquer réciproquement.

Lorsque les renseignements parvenus ou un ordre préparatoire permettent de préjuger l'emploi qui sera fait de la compagnie, son dispositif d'approche doit être choisi de telle sorte qu'elle n'ait à exécuter que des mouvements très simples pour passer à la formation d'attaque ou pour amorcer la manœuvre projetée.

242. Les principales formations sont :

1° la formation en *losange*, sur trois échelons (fig. 15) : elle présente une grande profondeur et est particulièrement facile à conduire, aucun doute n'étant possible sur la section de direction.

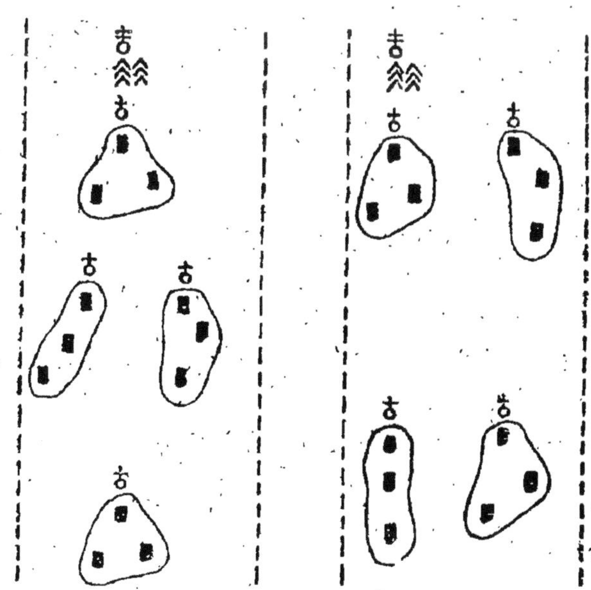

Fig. 15. Fig. 16.

2° la *colonne double* (fig. 16) qui contient en germe la formation d'attaque la plus usuelle.

Les formations en *échiquier* (fig. 17) et en *trapèze* (fig. 18) sont des cas particuliers de la colonne double, dans lesquels

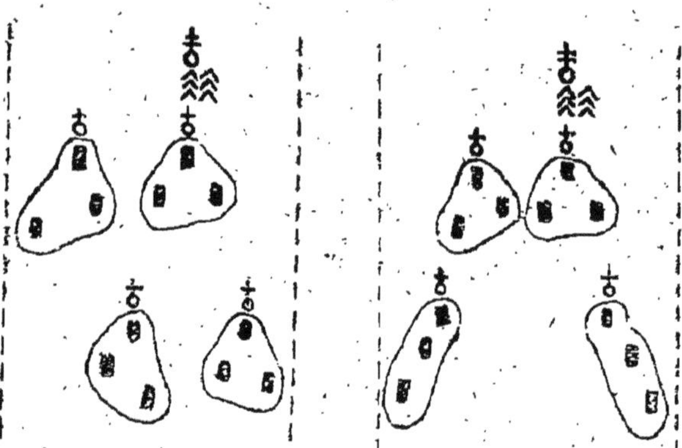

Fig. 17. Fig. 18.

un flanc ou les deux flancs sont protégés par des échelons débordants.

3° les formations en *triangle*, applicables aux compagnies à trois sections.

4° la formation en *échelons, la droite ou la gauche en avant* (fig. 19).

Cette formation s'emploie pour une compagnie d'aile, ayant

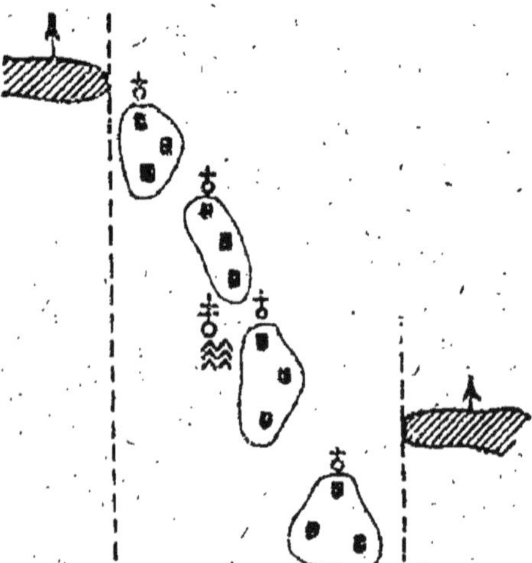

Fig. 19.

pour mission de protéger un flanc découvert ou de relier deux unités qui ont inégalement avancé.

243. Le capitaine d'une compagnie en réserve se place de façon à pouvoir guider sa compagnie et communiquer facilement avec le chef de bataillon, soit en avant de sa section de direction, soit entre les échelons.

Il rédige son ordre sur les mêmes données que l'ordre d'attaque des commandants de compagnie de premier échelon. Il prévoit avec ceux-ci une liaison étroite.

A défaut d'indications particulières, le dispositif de la compagnie en réserve doit se prêter à un mouvement rapide vers l'une ou l'autre des compagnies engagées, ou vers les flancs.

Cette compagnie n'ayant, en principe, pas de feux à fournir, sa formation doit surtout lui permettre d'être facilement commandée et prête à se plier à toutes les combinaisons. Celles-ci doivent être envisagées et leur exécution préparée, en sorte qu'il suffise d'un ordre concis pour en assurer l'exécution immédiate.

Le capitaine est, avant tout, à la disposition du chef de bataillon, mais *il ne doit pas hésiter à s'engager de lui-même,* sans ordres, en cas de nécessité : couverture d'un flanc, arrêt d'une contre-attaque, etc.

244. Si la compagnie reçoit l'ordre de dépasser une compagnie engagée, le mouvement s'exécute sur une ligne d'arrêt, comme il a été dit pour le bataillon (n° 204).

Le capitaine se conforme à ce qui est prescrit au n° 113 pour tout chef d'une troupe en réserve.

CHAPITRE VI.

COMBAT DE LA SECTION.

ROLE DU CHEF DE SECTION.

245. Le rôle du chef de section est :

— de disposer ses groupes de combat en fonction de la mission donnée à la section par le capitaine;

— d'ordonner les manœuvres destinées à faire tomber les résistances ennemies, d'exploiter avec un ou deux groupes les effets du feu d'un autre ou des autres groupes;

— de conserver la direction de marche malgré les obstacles rencontrés et les déviations qui ont pu en résulter pour la progression des groupes;

— de prendre en main la *direction du feu* de ses armes automatiques, dans toute la limite où il peut communiquer avec ses groupes au cours du combat.

246. La place du chef de section est au point où il peut le mieux assurer son commandement, tout en donnant l'exemple; pendant l'approche : en tête d'un de ses groupes ou en avant du centre du dispositif; pendant l'attaque : avec le groupe qui a la mission la plus importante ou la plus difficile.

A proximité et en vue de l'ennemi, il marche confondu dans un groupe et s'abstient de tout geste inutile qui le signalerait à l'attention des tireurs ennemis.

DISPOSITIONS PRÉLIMINAIRES.

247. La réduction éventuelle de la section de trois groupes à deux groupes ne peut être prescrite que par le capitaine (n° 207).

Les suppléants éventuels des chefs de groupe et d'équipe sont désignés d'avance.

248. Le chef de section désigne toujours un **serre-files.**

Lorsqu'il y a des sous-officiers disponibles, les plus qualifiés peuvent être désignés comme suppléants éventuels des chefs de section et sont alors employés comme serre-files. A défaut de sous-officier disponible, le chef de section choisit, en dehors des chefs de groupe, un caporal énergique.

Le serre-files se tient le plus souvent derrière la section, surtout lorsque le chef de section est en tête; il veille à l'exécution des ordres, notamment de ceux que le chef, parti en avant, donne par gestes. Il peut également être placé comme agent de liaison auprès d'un groupe que le chef de section ne peut plus commander à la voix ou suivre des yeux. Il suit toutes les péripéties de l'action et, s'il est suppléant désigné, se tient prêt à prendre le commandement de la section.

Il exige d'une façon absolue qu'aucun homme ne reste en arrière.

En cas d'insuffisance du nombre des gradés, cette dernière partie du rôle du serre-files peut être remplie par un soldat très énergique et particulièrement bien choisi.

APPROCHE ET PRISE DE CONTACT.

249. *Les formations d'approche de la section ont pour objet essentiel de lui permettre d'avancer en restant peu vulnérable.*

Sous réserve de se conformer aux indications du capitaine et de ne pas gêner les sections voisines, le chef de section articule ses groupes dans l'espace attribué à sa section.

Cet espace ne doit pas dépasser 150 mètres en profondeur ou en largeur, afin que le chef de section conserve toute son action sur son unité.

250. Les sections marchant en tête d'une compagnie d'avant-garde adaptent leur dispositif d'approche à leur mission particulière; celle-ci comporte toujours la reconnaissance des points principaux du terrain par des patrouilles ayant l'effectif moyen d'un groupe, exceptionnellement d'une équipe.

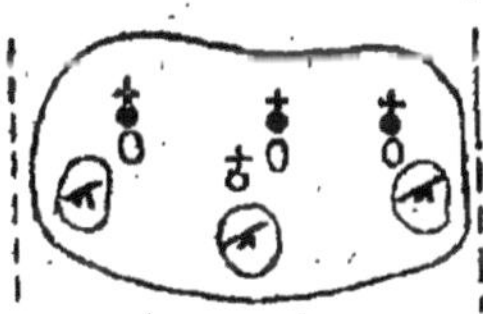

Fig. 20.

Si la compagnie n'a qu'une section en pointe, celle-ci étale ses groupes en largeur — sans les aligner — de façon à couvrir tout le front de la compagnie (fig. 20).

Si le premier échelon de la compagnie comporte deux ou trois sections, chacune d'elles s'éclaire par un ou deux grou-

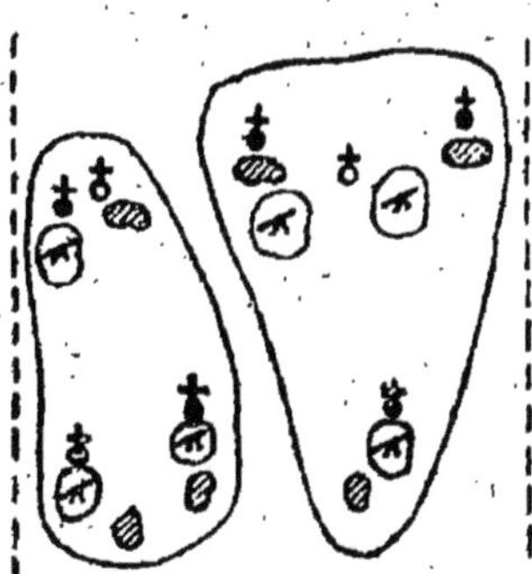

Fig 21.

pes poussés suffisamment en avant pour éviter une surprise aux autres (fig. 21 et 22).

Le chef de section guide son groupe de direction en marchant en tête ou à une faible distance en arrière des premiers patrouilleurs.

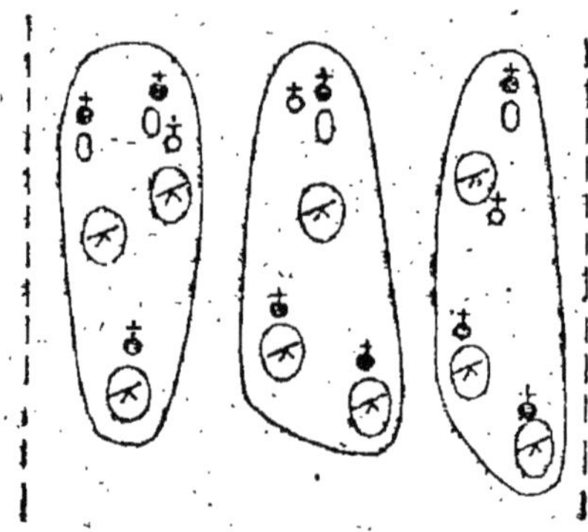

Fig. 22.

251. Les sections qui ne marchent pas au premier échelon d'une avant-garde s'étendent moins. Elles peuvent être formées :

— *par groupes successifs*, avec ou sans distance entre eux;

— *par groupes accolés*, avec un certain intervalle entre eux;

— *en triangle*, un groupe en avant;

— *en triangle*, deux groupes en avant.

Chaque groupe est, en principe, en colonne par un ou déployé par équipes en colonnes par un.

Le déploiement en tirailleurs s'emploie si les petites colonnes sont prises d'enfilade par des feux lointains. Le groupe en tirailleurs est plus visible et moins maniable que le groupe en colonne.

Le chef de section marche toujours devant le groupe de direction.

252. La formation par groupes successifs est la plus facile à conduire. Elle convient la nuit ou sous bois ou pour profiter d'un cheminement étroit, tel que le fond d'un ravin.

La formation par groupes accolés à intervalles d'au moins 25 mètres est moins vulnérable que la précédente par les gerbes des obus fusants ou des mitrailleuses lointaines.

Les formations en triangle satisfont aux nécessités moyennes et réalisent d'avance un bon dispositif d'attaque laissant des éléments réservés.

FORMATIONS D'ATTAQUE.

253. *Les formations d'attaque de la section ont pour objet essentiel de lui permettre de développer toute sa puissance de feu.*

Les sections désignées pour l'échelon de feu de la compagnie sont disposées soit *par groupes accolés*, sans aucune obligation d'alignement, soit *par groupes en triangle*. Elles sont placées, autant que possible, face à leur objectif.

La formation en triangle avec deux groupes en avant correspond au cas le plus général; le groupe désigné pour rester en arrière constitue la réserve du chef de section.

La formation par groupes accolés n'est pas très différente de la formation en triangle, en raison des fluctuations qui peuvent affecter l'échelon de feu. Elle correspond au cas où le chef de section, ayant un front considérable à garnir, est obligé d'y placer dès le début ses trois armes automatiques. Elle est également employée pour déboucher d'une base de départ contre une position fortement organisée et dans tous les cas où l'on diminue momentanément la profondeur pour soustraire les éléments de queue aux effets des tirs d'arrêts à prévoir (n° 80).

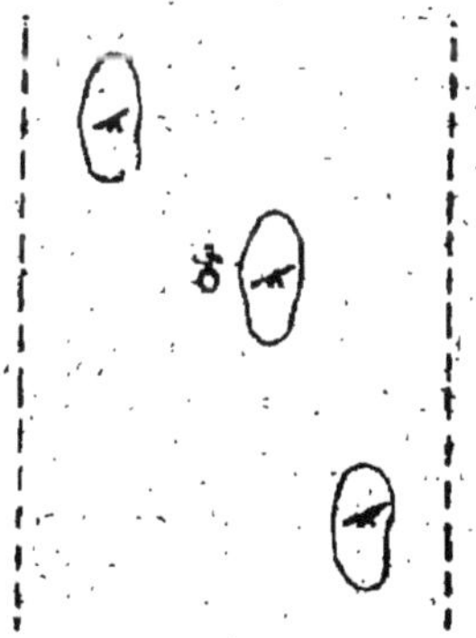

Fig. 23.

Dans le cas particulier où la section a pour mission de protéger un flanc découvert, ses trois groupes peuvent être placés *en échelons, le groupe de droite ou le groupe de gauche en avant* (fig. 23).

254. Dans toute formation d'attaque, l'intervalle à prescrire entre les groupes dépend du front attribué à la compagnie et de la connaissance que l'on peut avoir des points présumés occupés par l'ennemi.

Dans le cas de la rupture d'un front devant lequel on est arrêté depuis longtemps et qui, par cela même, est mieux connu, l'ordre d'attaque affecte le plus souvent, à chaque groupe, une tâche particulière à remplir dans la première zone attaquée (n° 227). Chaque groupe est alors placé d'avance face à son objectif; de là résultent ses intervalles avec les groupes voisins.

Dans le cas de l'attaque d'organisation, moins complètes et moins connues, les groupes sont placés à un intervalle moyen suffisant pour que tout le front de la compagnie soit garni de feux (n°° 86 et 219), chaque fraction ayant seulement la mission générale d'attaquer les résistances qui se dévoileront devant elle.

255. La dispersion des groupes de l'échelon de feu dans le sens de la profondeur dépend de l'intervalle qui a pu être ménagé entre les groupes les plus avancés. Pour qu'un groupe en retrait puisse participer au feu, il ne saurait être maintenu en arrière à une distance supérieure à l'intervalle des groupes entre lesquels il devra tirer (fig. 24). S'il doit seulement rester disponible pour répondre à quelque besoin qui ne s'est pas encore fait sentir, il peut sans inconvénients suivre un peu plus loin.

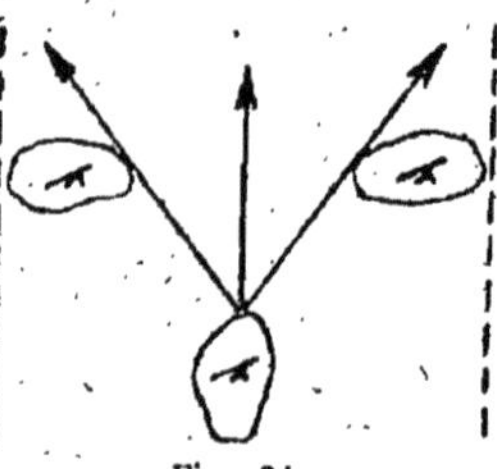

Fig. 24.

DÉVELOPPEMENT DU COMBAT.

256. Le combat de la section de premier échelon consiste à atteindre l'objectif qui lui est fixé ou les objectifs qui ont été fixés à ses groupes.

Après ce premier résultat, qui est suivi ou non d'un temps d'arrêt, réglé par l'ordre d'attaque, la section attaque un deuxième objectif et ainsi de suite. Dans les zones de moindre résistance précédant ou suivant la position principale, on donnera plutôt des directions que des objectifs.

Au cours de la progression d'objectifs ou objectifs, le dispositif initial subit des déformations incessantes causées par la nécessité de manœuvrer ou de conserver au feu le maximum d'intensité. La seule règle qui puisse être donnée est dictée par la solidarité qui doit régner entre les groupes voisins, qu'ils appartiennent, d'ailleurs, ou non à la même section : *un groupe qui trouve une occasion de progresser seul doit le faire, sachant que les autres groupes couvriront ses flancs et le rejoindront; un groupe momentanément débordé doit se cramponner au sol et tenir, sachant qu'il peut compter sur les autres pour le dégager.*

Le chef de section lutte contre la tendance que pourraient avoir ses groupes à se former en une ligne mince de tirailleurs. Il cherche à reconstituer l'échelonnement en profondeur chaque fois que les péripéties du combat l'ont diminué.

257. *Pour l'assaut d'une position fortifiée*, la section débouche à l'heure prescrite, chaque groupe se porte sur son objectif sans s'attarder à fouiller les ouvrages intermédiaires ni à mettre la main sur les défenseurs. Il est essentiel qu'elle suive au plus près le barrage roulant et, le cas échéant, les chars qui lui ouvrent la voie, et qu'elle exploite par un mouvement en avant *ininterrompu* l'effet de surprise réalisé sur l'ennemi.

258. Quand un élément rencontre un obstacle ou des défenses accessoires impraticables, il les contourne en se glissant vers les passages existants. Au besoin, sous la protection des armes automatiques ou de la fumée produite par des grenades offensives, il achève avec l'outil les brèches insuffisamment ouvertes.

Si des éléments de tête de la section sont arrêtés par le feu ennemi, le chef de section riposte énergiquement et, au besoin, fait intervenir le groupe de réserve, soit par son feu, soit par son mouvement.

Confiant dans l'appui qui lui viendra de son capitaine, il pousse de l'avant tant que ses groupes, même affaiblis, peuvent fournir un effort offensif.

259. Le nettoyage des résistances éparses est assuré par des unités désignées à cet effet ou par des groupes du deuxième échelon. La section nettoie elle-même les organisations conquises sur la ligne d'arrêt qu'elle a atteinte.

260. A tout moment du combat, la section doit le secours de ses feux aux mitrailleuses, aux chars et éventuellement aux pièces d'artillerie qui se trouveraient en danger dans son voisinage.

261. Le combat d'une section non appuyée par des feux puissants et jointifs comporte toujours les mêmes obligations. Dans ce cas, l'ennemi, moins canonné, observe et tire plus aisément; mais pour la section, la lutte doit revêtir toujours la même forme :

— pousser hardiment de l'avant vers l'objectif en combinant le feu et le mouvement;

— s'insinuer entre les résistances locales en les aveuglant;

— déborder et envelopper l'obstacle, s'il se peut.

262. La progression s'exécute ainsi qu'il a été dit, par groupes de combat :

— d'un seul bloc, s'ils peuvent profiter d'un défilement;

— par bonds courts et rapides de quelques hommes, ou même homme par homme, de couvert en couvert, sous la menace du feu.

Les occupants d'un nid de résistance ennemi ne peuvent fournir des feux nourris à la fois dans toutes les directions; l'habileté des assaillants consiste donc soit à déterminer les secteurs de tir pour les éviter, soit à inciter l'ennemi à fixer son tir dans certaines directions, de façon à créer des espaces non battus par lesquels d'autres fractions s'avanceront sans pertes.

Le chef de section ordonne ces manœuvres, soit à son propre profit, soit au profit de la section voisine arrêtée dans sa marche. Elles doivent au besoin jaillir de l'initiative des chefs de groupe de combat et même de l'esprit de camaraderie des soldats.

263. Dès qu'une section a forcé une résistance, son chef la remet rapidement en ordre et la marche est reprise dans la formation d'attaque convenable.

S'il se produit une contre-attaque locale, il y a lieu de l'arrêter par le feu, puis de reprendre le combat.

264. *Quand la section ne peut plus avancer, le terrain ne doit être abandonné sous aucun prétexte.*

C'est la lutte acharnée de petits éléments s'accrochant au sol qui donne au commandant de compagnie ou au chef de bataillon la possibilité de reprendre l'offensive avec les moyens dont ils disposent, de dégager la fraction arrêtée et de développer leur manœuvre.

A tout arrêt, prévu ou imprévu, le chef de section applique les règles posées au n° 100. Il cherche à tenir solidement son front avec deux groupes croisant leurs feux entre eux et avec leurs voisins et à placer son groupe réservé de façon à combler les lacunes du système ou à former un deuxième barrage de feux, pour le cas où le premier serait forcé ou détruit.

PARTICULARITÉS RELATIVES AUX SECTIONS EN RÉSERVE DE COMPAGNIE.

265. Lorsque la compagnie attaque, les sections de deuxième et, éventuellement, de troisième échelon de la compagnie continuent à marcher en formation d'approche, leur chef en tête.

Elles se resserrent et se rapprochent au besoin afin d'être prêtes à agir sans tarder. Mais elles évitent de renforcer d'elles-mêmes l'échelon de feu tant que leur intervention n'est pas nécessaire, c'est-à-dire aussi longtemps que la progression n'est pas arrêtée ni même ralentie. Elles restent à la disposition du capitaine qui doit pouvoir en disposer lorsqu'il le juge opportun.

Tels ou tels groupes de ces sections peuvent, dans certains cas favorables, contribuer par leurs feux à la progression de la compagnie, soit qu'il existe entre deux compagnies un intervalle considérable, soit qu'ils prennent à partie une contre-attaque menaçant le flanc de l'échelon précédent. Lorsque de tels feux sont possibles, ils doivent être déclenchés spontanément. Les groupes qui les exécutent n'en restent pas moins disponibles pour les manœuvres prévues ou à prévoir par le capitaine.

DIRECTION ET CONDUITE DU FEU.

266. Le chef de section se préoccupe avant tout du feu des armes automatiques. Ayant à combiner les actions de ses groupes entre eux et avec ceux des autres sections, son rôle consiste essentiellement à **diriger le feu,** c'est-à-dire à fixer aux chefs de groupe l'objectif à battre ou la zone à interdire. Au cours du combat, il s'acquitte de cette tâche autant qu'il lui est possible de communiquer aisément avec ses chefs de groupe. Il ne peut parfois se faire entendre que du groupe le plus proche de lui.

Les objectifs étant fixés, il appartient plus particulièrement au chef de groupe de **conduire le feu** du F.-M., c'est-à-dire de déterminer à tout instant l'ouverture ou la cessation du feu, le régime du tir, les limites du fauchage et en général tous les détails de l'exécution.

Le chef de section peut encore avoir à organiser les *concentrations de grenades à fusil* et les *tirs collectifs de surprise* prévus au n° 294 de la 1re partie.

Les tromblons de la section, groupés sous le commandement d'un gradé, peuvent, dans les limites de leur ravitaillement, fournir des *tirs de préparation*, des *tirs de neutralisation* et des *tirs d'arrêt* très efficaces.

267. Le **feu de surprise** est un feu à volonté exécuté par toutes les armes disponibles, y compris les mitrailleuses, sous la forme d'une rafale subite et intense. La soudaineté de cette fusillade, jointe à ses effets meurtriers, peut produire sur un adversaire en mouvement une démoralisation complète.

Lorsque le chef d'une section ou d'un groupe saisit une occasion favorable pour infliger à l'adversaire une surprise par le feu, il donne les indications de hausse et d'objectif, fait préparer les armes sans bruit et porte ses hommes, s'il y a lieu, sur l'emplacement de tir. Chaque tireur reconnaît rapidement l'objectif, choisit son but particulier et le couche en joue; dès que le groupe est prêt, le feu est ordonné.

CHAPITRE VII.

COMBAT DU GROUPE. — L'ÉQUIPE ET LE TIRAILLEUR.

ROLE DU CHEF DE GROUPE

268. Le rôle du chef de groupe est :

d'entraîner son groupe en avant;

de déterminer et assurer son mouvement par un *feu violent* sur l'objectif qui lui est fixé;

de *conduire*, en toutes circonstances, le tir de l'arme automatique (n° 266).

269. Le chef de groupe guide sa troupe; il en est le point de ralliement. Le groupe règle sur lui son attitude (debout, couché) et son allure. Attentifs à ses brèves indications et à ses gestes, les chefs d'équipe et les soldats se déploient, se reforment autour de lui, progressent, exécutent tous les mouvements individuels et concertés nécessaires au déplacement, au service, au ravitaillement, à la protection du fusil-mitrailleur et à l'exploitation immédiate des résultats de son tir.

C'est le chef de groupe qui indique l'emplacement du fusil-mitrailleur et qui en conduit spécialement le tir, par l'intermédiaire du caporal fusilier. C'est lui qui saisit le moment de pousser de l'avant et de mettre la main sur l'objectif du groupe.

Il se préoccupe à tout instant de la coopération avec les groupes environnants et de la conservation du contact avec l'ennemi.

DISPOSITIONS PRÉLIMINAIRES.

270. Les groupes constitutifs et les groupes improvisés avant et pendant le combat n'ont pas toujours l'effectif de base indiqué au n° 60 de la première partie.

Si cet effectif est dépassé, le chef de groupe renforce d'abord le nombre des pourvoyeurs, qui est porté à 6. S'il est inférieur, le chef de groupe assure d'abord le service de l'arme automatique avec un minimum d'un tireur et de deux pourvoyeurs.

Dans tous les cas, il sauvegarde le principe de la division du groupe en éléments correspondant à son double rôle :

rôle de feu, assuré plus spécialement par les fusiliers;

rôle de mouvement et de sûreté, assuré plus spécialement par les voltigeurs.

Lorsqu'il ne dispose que d'un caporal, il lui fait commander l'équipe des voltigeurs et donne directement ses ordres au fusilier-tireur. Ce dernier marche d'ailleurs le plus souvent derrière le chef de groupe ou dans son voisinage immédiat (n°° 223, 236 et 253 de la 1re partie).

Le chef de groupe est suppléé éventuellement par un des caporaux, à défaut par un soldat d'élite désigné d'avance; le tireur est suppléé par le premier pourvoyeur.

FORMATIONS D'APPROCHE.

271. Pendant l'approche, le groupe progresse généralement par larges bonds exécutés par le groupe entier. Il est *en colonne par un ou par deux*, ou bien déployé *par équipes en colonne par un* (n°° 223 à 234 de la 1re partie).

Toutefois, le groupe est amené à se déployer en tirailleurs (n° 235 à 241) quand la colonne est prise d'enfilade par des feux lointains ou par des obus fusants.

Bien qu'il soit toujours loisible de plier aux circonstances les formations et les évolutions prescrites pour les exercices d'assouplissement du groupe (Titre III de la 1re partie), il est avantageux de les employer dans l'approche, afin de marcher le plus longtemps possible dans un ordre très correct.

Dans une approche ayant pour but la prise du contact, les groupes les plus avancés font un service de patrouilles; leur équipe de voltigeurs, particulièrement apte à fouiller le terrain, marche en tête. Dans les autres groupes, au contraire, il est indiqué de mettre l'équipe de fusiliers en tête, prête à tirer si un combat s'engageait inopinément (fig. 20, 21 et 22).

La formation par 2 ou par 1 facilite le commandement et la marche à travers un terrain parsemé d'obstacles. Elle assure un déploiement aisé et rapide dans toutes les directions.

Le groupe progresse en utilisant les défilements et les moindres accidents du sol. A l'abri des couverts reconnus et marqués par son chef, qui l'y devance accompagné d'un homme ou deux, il se reforme, puis repart pour un nouveau bond. Entre deux couverts rapprochés, ou pour franchir une crête en vue, il passe rapidement et d'un seul bloc, pour être visible moins longtemps.

La forme du couvert et aussi l'éventualité d'avoir, en le quittant, à ouvrir le feu, indiquent si la formation abritée doit être déployée ou en colonne.

272. Le chef de groupe conserve la liaison à la vue avec le groupe de direction. Au besoin, il place un **homme de communication** et le charge de lui faire connaître les signaux du chef de section ou les mouvements qui lui échapperaient. Il évite autant que possible de stationner aux abords des points du terrain facilement repérables.

FORMATIONS D'ATTAQUE.

273. Il n'existe aucune formation habituelle d'attaque pour le groupe de combat.

Lorsqu'il faut ouvrir le feu, le groupe est placé face à son objectif; en quelques mots, le chef indique à tous ses hommes cet objectif et la mission du groupe; il leur signale la position des groupes voisins.

Le fusil-mitrailleur est placé en position de tir de manière à obtenir le meilleur rendement et à pouvoir appuyer le mouvement en avant des voltigeurs ou protéger leur repli éventuel.

Les voltigeurs sont déployés ou postés de façon à assurer la protection du F.-M., *sans gêner son tir* et à pouvoir faire feu eux aussi.

274. *Les déploiements normaux indiqués dans la 1re partie* (nos 235 à 253) *pour servir d'études de mécanisme ne sont pas destinés à être étroitement appliqués au combat;* ils peuvent inspirer les dispositifs plus ou moins stables que prendra successivement le même groupe, *sans qu'aucun des combattants, sauf le premier pourvoyeur, ait une place fixe par rapport aux autres.*

Les déploiements sur un rang et sur deux rangs en tirailleurs peuvent convenir, tels qu'ils sont décrits aux nos 236 et 241, dans le cas particulier de l'attaque d'une tranchée à peu près rectiligne ou pour marcher derrière un barrage roulant.

275. D'une manière beaucoup plus générale, on entend par **groupe déployé** face à un objectif un groupe disposé de telle sorte que tous ses éléments peuvent prendre cet objectif sous leur feu sans se gêner mutuellement. Le déploiement ne comporte donc pas nécessairement un grand espacement en largeur.

276. *L'ordre suivant lequel les équipes se succèdent dépend de l'opportunité de leur arrivée respective au terme du bond ordonné :* tantôt, le F.-M. est en tête pour ouvrir la voie, tantôt ce sont les voltigeurs, pour sauter, sans perdre un instant, sur quelque accident du sol qu'il est avantageux de tenir.

277. En ce qui concerne les fusiliers, leur disposition autour du F.-M. résulte de leurs fonctions : le premier pourvoyeur est toujours à la droite du tireur; le caporal fusilier en est peu éloigné et se tient plutôt à sa gauche; les aides-pourvoyeurs se conforment à ce qui est dit plus loin pour le ravitaillement.

Les voltigeurs sont plus ou moins réunis ou dispersés.

Le grenadier lanceur et le grenadier V.-B. reçoivent les indications nécessaires lorsqu'ils ont à faire usage de leurs engins spéciaux; *sinon, ils se battent comme les autres voltigeurs.*

278. Les seules règles à observer dans tous les cas sont les suivantes :

1° *Se rallier toujours au chef de groupe;*

2° *Marcher au moins aux intervalles indiqués, afin de diminuer la vulnérabilité; éviter tout entassement, sauf derrière un bon abri;*

3° *Pour les hommes qui sont en avant du F.-M., s'appliquer à ne pas lui masquer l'objectif et à lui laisser un champ de tir aussi étendu que possible.*

DEVELOPPEMENT DU COMBAT.

279. Selon l'importance de l'objectif considéré, la manœuvre nécessaire pour s'en emparer intéresse plusieurs groupes ou un seul.

280. *Dans le premier cas*, qui est le plus général, le groupe combat dans la section comme il a été exposé plus haut (nos 253 à 264). Attentif aux indications et aux gestes du chef de section comme aux mouvements des groupes voisins, le chef de groupe fait attaquer de front ou déborder l'objectif commun.

281. Dans le second cas, le groupe a pour mission particulière de s'emparer d'un point de résistance désigné d'avance ou se dévoilant au cours de la progression d'ensemble.

La division du groupe en deux équipes le rend capable, dans une certaine mesure, d'exploiter lui-même par le mouvement les effets du feu.

Il progresse par bonds; en général, deux ou trois voltigeurs amorcent le bond, à toute allure ou en rampant; le personnel de l'arme automatique vient ensuite en une ou plusieurs fois, après avoir protégé par son feu, le cas échéant, le mouvement des premiers voltigeurs. Le reste des voltigeurs, dans la formation et à l'allure prescrites, rejoignent à leur tour.

Le chef de groupe fait son mouvement au milieu de l'une ou de l'autre de ces fractions.

Le bond peut aussi être fait par tout le groupe à la fois, l'équipe de fusiliers en tête, le F.-M. tirant en marchant.

Lorsque le groupe est parvenu à proximité du nid de résistance à enlever, le feu violent du F.-M., et, éventuellement, des mitrailleuses tirant au profit du groupe, vise à obliger les défenseurs à rester terrés ou tout au moins à les rendre incapables de tirer avec précision. Le grenadier V.-B. et le grenadier lanceur en profitent pour se glisser à la distance qui convient à leurs engins, de préférence sur les flancs.

Avant même qu'ils soient à bonne portée, leurs grenades peuvent créer un masque de fumée favorisant la progression.

Les voltigeurs gagnent des obstacles ou des trous d'obus aussi rapprochés de l'objectif que possible et donnant à l'adversaire l'impression qu'il est débordé. A ce moment, une ou deux grenades arrivant au but peuvent souvent amener l'adversaire à se rendre ou à s'enfuir.

Sinon, les engins de feu se taisent, les voltigeurs bondissent à l'imitation du chef ou du plus brave qui a pu saisir le moment où le feu ennemi était éteint. Donnant toute leur vitesse pour que l'irruption surprenne l'ennemi encore terré, les assaillants jettent leurs derniers coups de feu ou attaquent à la baïonnette.

Tout ennemi qui résiste ou ne se rend pas est immédiatement abattu.

282. L'objectif occupé et sommairement nettoyé, le chef de groupe se préoccupe immédiatement de la liaison avec son chef de section et avec les groupes voisins.

Il n'attend pas d'ordre pour reprendre la progression vers l'objectif suivant ou dans la direction fixée par la mission de la section.

Si le groupe ne peut déboucher du couvert atteint, ou s'il reçoit l'ordre de s'y maintenir, il prend aussitôt l'attitude défensive. Il dispose toutes les armes du groupe avec l'idée de réaliser devant son front et, si possible, devant le front des groupes voisins, un bon barrage de feux d'infanterie. Il exécute les petits déplacements nécessaires pour améliorer ses secteurs de feux.

283. Au cours du combat du groupe, les deux équipes, conduites par leur chef ou actionnées directement par le chef de groupe, concourent avec tous leurs moyens à la mission commune, *sans que les indications données plus haut relativement à leur emploi respectif puissent être considérées comme spécialisant leurs rôles.*

Ces rôles se pénètrent étroitement et se complètent :

le plus fréquemment, les voltigeurs exploitent par leur mouvement les effets du feu du F.-M., mais il arrivera aussi que l'équipe de fusiliers exploitera elle-même ces effets et se portera en avant sans attendre les voltigeurs;

d'autres fois, les voltigeurs peuvent, par un feu d'ensemble nourri, produire momentanément des effets analogues à ceux de l'arme collective, au profit du reste du groupe;

dans d'autres cas, enfin, l'exploitation ne résulte pas de l'action par le feu du groupe lui-même, mais de celle d'un autre groupe.

La perte de son F. M. n'est jamais pour le groupe un motif à restreindre sa tâche. Il poursuit sa mission avec ses autres moyens de feu.

284. Sauf dans les cas où leur sûreté personnelle est en jeu, ou s'ils ont toute chance d'abattre un ennemi qui se présente à bonne portée, les hommes d'un groupe ne combattent pas isolément, mais toujours en vue d'assurer la liberté d'action du fusil-mitrailleur et l'aboutissement de la mission du groupe.

Toute fraction ennemie en mouvement ou se préparant à mettre en action un engin quelconque doit être *immédiatement* prise à partie par le feu de ceux qui l'aperçoivent *avant* qu'elle ait pu tirer elle-même ou qu'elle ait achevé de s'installer.

Sur de tels objectifs, qui sont presque toujours fugitifs, le résultat obtenu dépend de l'initiative et de la présence d'esprit des soldats, *de la précision de leur tir* et de la possibilité d'envoyer le maximum de balles dans un temps très court.

285. La conservation du contact est également une préoccupation qui doit intéresser tout soldat; pour lui, elle se traduit d'une façon très simple : chercher devant soi à savoir où est l'ennemi.

RAVITAILLEMENT.

286. Le ravitailleoment du fusil-mitrailleur se fait conformément aux prescriptions de l'*Instruction sur la pratique du tir* (N° 148).

Le premier pourvoyeur alimente l'arme en chargeurs pleins et recueille les chargeurs vides. Un ou deux aides-pourvoyeurs, blottis à poste fixe dans un rayon d'une dizaine de mètres autour du tireur, regarnissent les chargeurs vides à l'aide des trousses de cartouches portées par le caporal fusilier et le premier pourvoyeur et de celles qui viennent de l'arrière.

L'autre ou les autres aides-pourvoyeurs, désignés par le caporal comme **pourvoyeurs mobiles**, mettent sac à terre et font la navette entre les **pourvoyeurs fixes** et le **poste de ravitaillement de la compagnie** (N° 239), s'il a été constitué. Ils en rapportent des trousses et, éventuellement, les chargeurs nécessaires au remplacement des chargeurs perdus ou détériorés.

Les premières trousses apportées et les premiers chargeurs regarnis servent à recompléter, d'abord, la dotation de sûreté du caporal, du tireur et du premier pourvoyeur. L'arme est alimentée, si possible, en ne faisant rouler entre eux que les chargeurs portés par les aides-pourvoyeurs.

A la reprise du mouvement en avant, les aides-pourvoyeurs vont reprendre leur sac près de l'emplacement de tir. Il est désirable que chacun reparte avec sa dotation réglementaire. Les munitions des blessés et des tués sont utilisées.

Le ravitaillement des voltigeurs en cartouches et en artifices peut généralement être assuré par les pourvoyeurs du F.-M. Lorsqu'il y a lieu de recompléter le groupe en grenades à main et à fusil, le chef de groupe peut envoyer au poste de ravitaillement un ou plusieurs voltigeurs.

Les chefs de groupe envoient au poste de ravitaillement un nombre plus considérable de pourvoyeurs mobiles dans le cas où le capitaine est obligé de former un détachement spécial de ravitailleurs et de l'envoyer au centre de ravitaillement du bataillon (N° 239).

CHAPITRE VIII

CAS PARTICULIERS DU COMBAT OFFENSIF.

1° COMBAT AVEC LES CHARS LÉGERS (1).

287. *Dans l'exposé général des procédés de combat offensif de l'infanterie, qui ont fait l'objet des chapitres précédents, la participation des chars de combat n'a été envisagée que d'une façon accessoire.*

C'est qu'en effet, d'une part, les ressources disponibles, la nature et l'état du terrain, les formes et les conditions de l'attaque ne permettent pas au commandement d'affecter des unités de chars à toutes les unités d'infanterie et que, d'autre part, l'attribution de chars à certaines unités d'infanterie ne modifie pas essentiellement les procédés de combat de ces dernières.

288. Il importe de considérer les chars comme des auxiliaires immédiats de l'infanterie, dont l'action persiste aussi longtemps que les résistances rencontrées ne sont pas entièrement surmontées, que l'infanterie conserve sa capacité

(1) Voir l'*Instruction provisoire du 23 mars 1920 sur l'emploi des chars de combat comme engins d'infanterie* et les titres IV, V, VI du *Règlement de manœuvre des unités de chars légers* (en préparation). Les sous-officiers d'infanterie doivent posséder des notions générales sur les règlements concernant les chars de combat (N°s 45 et 47 de la 1re partie); les officiers, une connaissance complète de ces règlements (N° 48).

offensive et que l'approvisionnement en essence permet leur action.

289. Lorsqu'elle est dotée de chars, l'infanterie ne doit jamais oublier les principes suivants :

— l'engagement défectueux des chars risque de paralyser leur action, soit en provoquant leur destruction inutile et prématurée, soit en rendant leur intervention trop fugitive ou trop tardive;

— l'infanterie leur doit aide et protection;

— les unités d'infanterie doivent partir à l'attaque avec la ferme volonté de combattre sans attendre des chars la solution entière de toutes les difficultés rencontrées;

— si les chars s'immobilisent ou même reviennent en arrière, l'infanterie n'en doit pas moins continuer à progresser par ses seuls moyens.

290. Mais si la présence des chars ne modifie pas foncièrement les procédés de combat de l'infanterie, elle est susceptible d'influer sur les dispositions préparatoires prises par celle-ci pour l'attaque ainsi que sur la répartition de ses moyens de feux propres (F.-M., mitrailleuses, canon de 37 et mortiers d'accompagnement). Il est donc nécessaire d'exposer les particularités du combat de l'infanterie disposant de chars.

Organisation des unités de chars.

291. Le bataillon de chars légers comprend 3 compagnies. C'est l'unité que l'on affecte, en principe, à une division d'infanterie.

La compagnie comprend 3 sections de combat, un char de commandement, un char T. S. F. et un échelon de 8 chars dont 3 de ravitaillement et 5 de remplacement (au total, 25 chars dont 15 de combat).

La section comprend 5 chars : 3 chars armés d'un canon de 37mm, montés respectivement par le chef de section et les chefs des 2 demi-sections, et 2 chars armés d'une mitrailleuse.

Répartition des unités de chars.

292. La compagnie de chars légers est l'unité tactique des chars.

Ses formations sont susceptibles de combinaisons multiples, propres à satisfaire les besoins du régiment d'infanterie à la disposition duquel elle est généralement placée. Comme le régiment, la compagnie de chars est habituellement échelonnée en profondeur.

L'attribution de sections de chars légers aux différents bataillons du régiment d'infanterie dépend essentiellement de l'idée de manœuvre du colonel, de la praticabilité du terrain, de la forme et des conditions de l'opération projetée. La dotation de chaque bataillon est fixée en fonction de la mission qui lui est donnée, des résistances qu'il aura vraisemblablement à surmonter et de la nature du terrain.

L'action en profondeur des unités de chars est, en général, assurée par la répartition initiale des sections entre les bataillons.

Mais il peut arriver que la capacité offensive d'une section de chars soit supérieure à celle de l'unité à la disposition de laquelle elle a été placée. La même section pourra être ainsi amenée à combattre avec plusieurs unités d'infanterie.

Inversement, une section de chars affectée primitivement à un bataillon de deuxième échelon peut être appelée, au cours du combat, à remplacer une section qui, affectée à un bataillon de premier échelon, aurait prématurément perdu sa force combative.

Enfin, dans certains cas, les conditions d'engagement des bataillons d'infanterie et des sections de chars n'auront pu, à l'avance, être précisées suffisamment pour permettre d'arrêter une répartition ferme des diverses sections de chars. Les sections de chars qui n'ont pas été affectées constituent alors une réserve dont l'attribution définitive aux unités d'infanterie ne pourra être fixée qu'au cours de l'action.

Il est donc nécessaire qu'une liaison étroite et préalable soit établie par chaque chef de bataillon d'infanterie, non seulement avec la ou les sections de chars qui lui sont affectées, mais encore avec celles qui, par suite des circonstances, peuvent être appelées à combattre avec lui.

293. La section constitue la véritable unité de combat des chars légers.

Elle ne doit jamais être fractionnée.

Ne disposant d'aucun élément de ravitaillement et de réparation, elle ne doit être détachée ni loin ni longtemps de la compagnie dont elle fait partie.

On l'affecte normalement à un bataillon d'infanterie. Toutefois, l'importance présumée des moyens de défense de l'ennemi peut justifier l'emploi de 2 sections sur le front d'un bataillon.

D'autre part, notamment dans le cas de l'attaque d'une position organisée, l'ennemi ne révèle parfois certains de ses moyens de défense qu'après le passage des chars et des unités d'infanterie de tête. L'affectation au bataillon de premier échelon d'une section de chars marchant à hauteur de ses unités de nettoyage, permet à ces dernières de remplir rapidement leur mission, sans que la section de chars de tête soit forcée de revenir sur ses pas pour leur prêter son appui.

Enfin, la forme du terrain de l'attaque peut être telle que les chars engagés avec le bataillon d'infanterie de premier échelon soient obligés de se porter assez en avant pour détruire les organes de feu adverses qui s'opposent à sa progression. L'affectation à ce bataillon d'un deuxième échelon de chars permettra aux chars de tête d'accomplir convenablement cette mission éloignée. Se portant en avant des premiers éléments d'infanterie, en temps opportun, ce deuxième échelon assurera la jonction de ceux-ci avec les chars avancés et fournira, en outre, à ces derniers la protection que l'infanterie n'est plus momentanément en mesure de leur assurer.

Formations de la section de chars.

294. *Au cours de leur marche d'approche,* les chars de la section se déplacent généralement en colonne par 1, en ligne de colonnes de demi-sections (le char mitrailleuse suivant le char canon de la même demi-section) ou en bataille.

Pour combattre, la section se forme toujours en bataille, les chars marchant en principe sur la même ligne et à une cinquantaine de mètres d'intervalle. Le char du chef de section est au centre et sert de guide, il est encadré par les chars canons des chefs de demi-section, les deux chars mitrailleuses sont aux ailes.

Bien que le front de la section ainsi déployée ne soit que d'environ 200 mètres, sa mobilité et son armement lui permettent, en général, d'agir efficacement dans toute la zone d'action d'un bataillon d'infanterie.

Conditions Générales d'emploi des chars.

295. La coopération des chars au combat de l'infanterie ne peut être réellement efficace qu'à partir du moment où l'infanterie a reconnu les résistances ennemies et est arrivée à distance d'assaut. *Les conditions d'observation et de pointage de leur armement limitent, en effet, l'action des chars légers au combat immédiat et rapproché.*

Toute apparition prématurée de chars dans un terrain éloigné de l'objectif à conquérir n'aurait d'autre résultat que de déceler l'imminence de l'attaque, d'attirer les coups de l'artillerie ennemie et probablement, à cause de leur visibilité, d'amener leur destruction avant qu'ils aient efficacement servi.

Il convient donc de ne dévoiler les chars que le plus tard

possible et de les faire surgir simultanément, en grand nombre, sur un vaste front, de façon à disperser le feu de l'adversaire.

En particulier, quand il s'agit de l'*attaque méthodique d'une position organisée*, les unités de chars de premier échelon doivent gagner, avant le commencement de l'opération, à l'insu de l'ennemi, par des itinéraires reconnus à l'avance et aménagés si c'est nécessaire, des **positions de départ** constituées par des plis de terrain ou des couverts voisins de la position de départ de l'infanterie, et à l'abri desquels ils sont placés face à leurs objectifs.

Au contraire, dans le cas d'un *combat en terrain non organisé* contre un ennemi qui ne dispose pas de tous ses moyens, *mais dans ce cas seulement*, la nécessité d'agir vite peut primer les avantages de la surprise, du plein rendement des chars et de leur débouché simultané sur un vaste front.

296. Bien que les chars soient le plus souvent employés en masse (N° 62), on peut aussi envisager l'action d'unités de chars isolés appuyant des unités d'infanterie pour une mission d'amplitude et de durée limitées. Ces chars prennent à leur charge la destruction de mitrailleuses trop nombreuses ou trop bien protégées que l'infanterie ne pourrait réduire par ses propres moyens. Ils lui évitent de grosses pertes. Leur mission remplie, ils rejoignent la position de départ ou en occupent une autre. Ce mode d'emploi est particulièrement indiqué en terrain facile et lorsque l'action de l'artillerie ennemie n'a pas toute sa puissance.

De même, de petites unités de chars sur camions ou sur chenilles peuvent être affectées à une unité d'infanterie chargée de prendre le contact ou d'exploiter le succès. Elles s'emploient comme il est dit plus loin (N° 297, 4° et 5°).

Place des chars au début du combat.

297. La façon dont doivent déboucher les chars dépend de la forme de l'attaque arrêtée par le commandement.

1° *S'il n'y a pas de préparation d'artillerie*, les chars quittent leurs positions de départ un peu avant l'heure de l'attaque, de façon à être en mesure de précéder dès le début leur infanterie.

Ce dernier bond des chars peut être couvert par des obus ou masqué par des artifices fumigènes.

On peut aussi, surtout si les positions de départ sont très rapprochées et si l'attaque a lieu au petit jour, augmenter l'effet de surprise en ne tirant pas un seul coup de canon avant le débouché. Dans ce cas, malgré le bruit des moteurs qui révèle la présence des chars, l'ennemi est averti trop tard pour pouvoir prendre à temps ses dispositions de défense.

2° *Si l'assaut est précédé d'une préparation d'artillerie*, tenant l'ennemi en éveil, les chars quittent leur position de départ en même temps que débouche l'infanterie, qu'ils devancent, dès que possible. De cette manière, ils ne dévoilent pas le moment de l'assaut.

3° *Dans une opération où leur emploi n'est pas prévu au début de l'attaque*, les chars suivent l'infanterie, par bonds successifs, en utilisant le terrain. Ils règlent leur progression de façon à entrer en action au moment voulu.

Dans ce cas, leur mode spécial de progression et la nécessité d'utiliser des itinéraires à grand défilement ne permettent pas toujours de leur assigner une place fixe dans le dispositif des troupes. L'essentiel est qu'ils ne perdent pas le contact de l'infanterie et qu'ils puissent l'appuyer dès qu'elle a besoin d'eux. Il y a lieu de tenir compte de ce qu'en terrain moyennement accidenté ou organisé et non soumis au tir ajusté de l'infanterie ennemie, la marche des chars est plus lente que celle des hommes à pied.

Les bataillons, appuyés ou non par l'artillerie, opèrent comme s'il n'y avait pas de chars. Ceux-ci, marchant dans leur sillage, se déploient, s'efforcent de dépasser les groupes de combat de premier échelon et entrent dans le combat là

4° *Les petites unités de chars mises à la disposition des avant-gardes* les suivent sur camions tant que le contact n'est pas pris. Elles sont débarquées et s'engagent comme il est dit ci-dessus (3°), dès que leur concours est nécessaire. Dans un combat de rencontre, les premiers éléments de l'ennemi ne disposent, en général, que de moyens restreints et il est souvent désirable, avant tout, d'aller vite : il peut alors être apporté de notables tempéraments aux règles générales d'emploi des chars (n° 273), les causes qui les justifiaient ayant disparu en totalité ou en partie.
où ils les rejoignent.

5° *Lorsque les chars participent à l'exploitation du succès*, l'audace est de règle. Certaines unités de chars accompagnent, sur chenilles, les premiers échelons de l'infanterie pour réduire, sans perdre de temps, les résistances. D'autres unités suivent sur camions, plus en arrière, pour remplacer les unités sur chenilles engagées.

Si le contact est perdu, toutes les unités de chars sont sur camions derrière les colonnes.

Place des chars pendant le combat.

298. L'action des chars au combat consiste :

— soit à frayer à l'infanterie un passage dans les défenses accessoires de l'ennemi,

— soit à attaquer, en manœuvrant, un élément de résistance ennemi (par exemple une ou plusieurs mitrailleuses), à l'aborder grâce à la protection de leur cuirasse et à le détruire à l'aide d'un tir exécuté à très courte distance ou même par écrasement,

— soit à rendre impossible, par des tirs convenablement exécutés, tout mouvement de retraite ou de renforcement de l'ennemi.

Pour pouvoir agir, la section de chars doit donc marcher en avant de l'infanterie. Dès qu'elle est engagée, son chef doit s'efforcer de l'y conduire et de l'y maintenir.

Mais, de son côté, l'infanterie ne doit pas, du fait de la présence des chars, se désintéresser du combat. Au contraire, faisant usage de ses armes propres, *elle doit s'efforcer de progresser comme elle le ferait si elle était seule. Les chars renforcent son action, mais ne la remplacent pas.*

Il s'ensuit que, si, par suite de difficultés provenant de l'ennemi, du terrain, de la partie mécanique des appareils, la marche des chars se trouve ralentie, l'infanterie ne doit pas hésiter à les dépasser si elle le peut. Les chars reprendront leur place en avant d'elle, si le feu de l'ennemi vient à ralentir sa progression et s'ils parviennent à triompher des difficultés qui auront provoqué leur retard.

Il n'y a donc pas de distance à observer entre l'infanterie et les chars. La position réciproque des groupes de combat et des appareils est susceptible de varier constamment durant toute la lutte, les uns et les autres s'efforçant sans cesse de gagner de l'avant.

Dans tous les cas, les groupes les plus avancés de l'échelon de feu s'efforcent de suivre les chars d'assez près pour pouvoir occuper dès que possible l'objectif commun.

Arrêts.

299. Pendant les cours arrêts qui séparent deux bonds des troupes assaillantes (n° 90), les chars peuvent rester en avant de l'infanterie, prêts à repousser les contre-attaques. Ils se dérobent au tir de l'artillerie, soit en utilisant les couverts à proximité de leurs emplacements, soit en se déplaçant continuellement dans la zone qui leur est affectée et en évitant de se grouper.

Si les circonstances ont permis aux groupes de combat de devancer les chars au cours du bond précédent, ceux-ci s'efforcent de les rejoindre et de les dépasser avant le commencement du bond suivant.

Lorsque la progression de l'infanterie est momentanément interrompue, les chars doivent être soustraits aux tirs de l'artillerie ou tout au moins aux vues de l'ennemi. A cet effet, ils gagnent les couverts les plus rapprochés et se tiennent prêts à en déboucher de manière à appuyer en temps voulu la reprise de l'attaque ou, le cas échéant, à repousser les contre-attaques.

Rédaction des ordres d'attaque.

Travail préparatoire.

300. La coopération intime de l'infanterie et des chars est assurée par la subordination, au combat, du commandant de l'unité de chars au commandement de la troupe d'attaque. Cette subordination descend jusqu'à l'échelon « bataillon d'infanterie » inclusivement.

Le commandant de l'unité de chars joue le rôle de conseiller technique du commandant d'unité à la disposition duquel il est placé. En particulier, il précise les possibilités des chars dans l'opération projetée, demande l'aide et l'appui qu'il estime nécessaires, indique les conditions qui lui paraissent de nature à assurer aux chars leur plein rendement. Mais il est bien entendu que c'est au commandant de l'unité d'infanterie qu'il appartient, en définitive, d'arrêter la décision sous sa responsabilité et d'établir l'ordre d'attaque.

Les points particuliers à étudier en collaboration par les commandants de régiment ou de bataillon et les commandants d'unités de chars placés sous leurs ordres sont les suivants :

1° *Débouché des chars :* Travaux d'aménagement qu'il sera nécessaire d'exécuter avant l'attaque pour l'assurer;

2° *Développement de l'opération projetée avec ses incidents probables :* Manœuvres de détail à exécuter en commun par les chars et l'infanterie pour la réduction des points du terrain présumés forts : bois, villages, centres de résistance, zones d'abris, etc. Cette étude doit être d'autant plus minutieuse que la position ennemie est supposée plus solidement organisée;

3° *Aide à donner aux chars par l'infanterie au cours du combat :* Franchissement des parties difficiles du terrain; désignation du personnel chargé d'exécuter les travaux; transport à pied d'œuvre, en temps utile, des outils et du matériel nécessaires;

4° *Appui que l'infanterie devra donner aux chars par ses feux :* Neutralisation des couverts susceptibles de contenir des moyens de défense contre chars : répartition de cette tâche entre les compagnies, les sections de mitrailleuses et d'engins d'accompagnement.

Rédaction des ordres.

301. Les chars ne menant pas un combat particulier à côté des unités d'infanterie qu'ils appuient, aucune unité de chars ne doit recevoir une mission qui ne corresponde pas étroitement à une mission donnée à une unité d'infanterie.

Dans l'ordre d'attaque donné par un commandant d'unité, le paragraphe qui traite de la « mission » s'adresse donc aux chars au même titre qu'aux éléments d'infanterie entrant dans la composition de l'unité : il n'est pas rédigé d'ordre spécial aux chars.

Les ordres donnés à leur troupe par les commandants d'unités de chars ne sont que des extraits des ordres des commandants d'unités auxquels des chars sont affectés. Chaque commandant d'unité de chars y ajoute les prescriptions de détail pour l'exécution de l'ordre, ainsi que les dispositions techniques intéressant exclusivement les chars (ravitaillement, dépanages, etc.).

L'ordre du colonel d'infanterie indique la répartition des sections de chars entre les bataillons et précise les lieux et heures où ces sections seront mises à leur disposition.

Ce n'est qu'à l'échelon « bataillon d'infanterie » que les missions particulières attribuées aux chars, pour atteindre le but commun, doivent apparaître dans les ordres d'attaque. L'ordre du commandant du bataillon doit être très explicite, car la transmission, au cours du combat, de nouveaux ordres aux chefs de sections de chars sera toujours difficile.

Liaisons et transmissions.

302. Avant le combat, le colonel du régiment d'infanterie et le commandant de la compagnie de chars s'assurent que les sections de chars ont connaissance de l'ordre d'attaque de tous les bataillons avec lesquels elles sont susceptibles de s'engager et que les liaisons morales et matérielles qui en découlent ont été établies. Les officiers d'infanterie et les chefs de section de chars vérifient que les procédés convenus de transmission par signaux entre infanterie et chars sont connus de tous.

303. Le commandant de la compagnie de chars se tient, en principe, pendant le combat, auprès du colonel d'infanterie. Toutefois, il doit le quitter, au moment de l'engagement, pour diriger personnellement sur le terrain l'entrée en ligne de ses sections et, au cours du combat, pour assurer rapidement, d'après les instructions du colonel, le jeu de ses sections. Il dispose dans ce but d'un char de commandement.

Quand il s'éloigne du commandant du régiment d'infanterie, le commandant de la compagnie de chars laisse près de cet officier supérieur un agent de liaison qualifié. De même, tout chef de section de chars détache, pendant toute la durée du combat, auprès du chef de bataillon sous les ordres duquel il est placé, un agent chargé d'assurer la transmission éventuelle des ordres que ce dernier peut avoir à lui faire parvenir.

304. Enfin, il ne faut pas perdre de vue que les équipages de chars, malgré l'attention qu'ils apportent à observer le terrain, se trouvent dans des conditions de visions et d'audition qui ne leur permettent pas toujours de découvrir par eux-mêmes tous les points où se manifestent des résistances. Il appartient à l'infanterie de les leur indiquer à l'aide de signaux convenus à l'avance et, au besoin, par un homme de liaison entrant en communication directe avec les équipages. Quelques hommes d'élite doivent être, dans chaque section d'infanterie, spécialisés dans cette liaison d'une importance capitale.

D'ailleurs, la désignation des objectifs successifs sur le terrain même, au fur et à mesure de la progression, s'impose lorsque les circonstances n'ont pas permis une étude approfondie des conditions de l'attaque et que, par suite, les ordres donnés avant le combat ne fixent guère que des points de direction, des zones d'action et des missions générales.

Développement du combat.

305. Le chef de section de chars a la préoccupation constante de chercher à discerner les besoins immédiats de l'infanterie qu'il appuie et de s'efforcer d'y satisfaire.

De façon générale, il s'emploie au bénéfice de tout le front de cette unité. Ce n'est que s'il en a reçu l'ordre explicite du chef de bataillon d'infanterie qu'il s'attache à favoriser plutôt la progression de telle ou telle des compagnies de premier échelon.

306. De son côté, l'infanterie doit être prompte à saisir et à exploiter la liberté d'action donnée par les chars, car cette liberté est souvent très fugitive. Sa propre sûreté dépend autant de la rapidité qu'elle mettra à venir occuper les parties du terrain atteintes par les chars que de l'effet matériel et moral de ces engins sur l'ennemi.

Attention constante, prompte résolution des chefs d'infanterie et, en particulier, des chefs de section, rapidité dans l'exécution des mouvements, sont les conditions essentielles du succès pour une infanterie qui dispose de chars de combat.

L'infanterie doit aller partout où vont les chars. Ce doit être un point d'honneur pour elle de ne jamais laisser un appareil entre les mains de l'ennemi. Si un char est assailli, elle n'hésite pas à tirer sur les assaillants, même avec ses armes automatiques, en excluant toutefois les balles perforantes.

307. Si les troupes d'assaut ne suivent pas les chars, c'est qu'une raison s'y oppose. Le chef de section de chars ne doit pas, dans ce cas, hésiter à ramener sa section vers l'infanterie, soit pour détruire les résistances qui se seraient révélées après le passage des appareils, soit même pour s'enquérir de vive voix des raisons qui arrêtent la progression (organes de feu rapprochés ou lointains, attente de renforts, etc.).

Cette règle est générale et ne souffre d'exception que lorsqu'un deuxième échelon de chars a été constitué pour détruire les résistances qui auraient échappé au premier ou pour lui permettre de se porter sur des objectifs lointains. L'ordre d'attaque du bataillon d'infanterie le mentionne alors explicitement.

308. Enfin, si les chars se trouvent mis hors de cause du fait de l'ennemi ou par suite de pannes mécaniques, l'infanterie n'en doit pas moins continuer à progresser à l'aide de ses seuls moyens.

Devoirs particuliers de l'infanterie envers les chars.

309. L'infanterie doit faciliter la progression des chars avec ses outils et les protéger par ses feux, non seulement selon les prévisions de l'ordre d'attaque, mais encore dans toutes les éventualités qui peuvent se présenter.

Le canon ou l'engin d'accompagnement tirant à vues directes sont des adversaires particulièrement dangereux pour les chars. L'infanterie doit donc observer attentivement la progression des chars et prendre immédiatement sous le feu intense de ses fusils et de ses armes automatiques tout engin contre char qui se révèle à sa portée.

Particularités relatives à l'attaque de positions organisées.

310. L'attaque d'une position organisée constitue toujours une opération délicate qui doit être, à l'avance, minutieusement préparée dans ses détails. Les principes généraux d'engagement et de combat exposés ci-dessus ne sont pas modifiés, mais leur application nécessite des procédés spéciaux.

311. La mission qui peut être donnée aux chars, soit de créer des brèches dans les défenses accessoires ennemies en des points déterminés, soit de réduire certains centres de résistance convenablement choisis, la difficulté de maintenir la cohésion de la section de chars, en raison de la présence entre les appareils, de portions de tranchées infranchissables, la nécessité pour ces derniers de franchir les obstacles en des points désignés et aménagés au cours du combat, rendent indispensable l'*établissement pour chaque char d'un itinéraire précis.*

312. La mission confiée aux chars peut même, dans certains cas (attaque par surprise sans préparation d'artillerie, section affectée aux nettoyeurs d'infanterie, etc.), revêtir le caractère d'un *nettoyage systématique des organisations ennemies.* La faculté qu'ont les chars de réduire les résistances adverses en longeant au plus près les boyaux et les parallèles où elles se trouveraient, permet l'infiltration par ces cheminements de groupes de combat d'infanterie suivant immédiatement les chars. La progression peut ainsi se continuer, grâce à ces appareils, même si le terrain découvert est battu par les mitrailleuses ennemies. Les équipes de travailleurs suivant immédiatement les groupes de combat de tête, peuvent parvenir rapidement aux points de jonction des boyaux et des parallèles, au voisinage desquels l'aménagement des passages présente le plus de sûreté et de rapidité.

Libération des chars.

313. Lorsque le bataillon d'infanterie a définitivement pris possession de son dernier objectif, c'est-à-dire dès qu'il a organisé le système de feux qui doit en interdire l'approche immédiate, *le chef de bataillon libère les chars mis à sa disposition.*

Il doit en être de même :

— lorsque l'approvisionnement des chars en essence touche à sa fin (n° 60);

— lorsque deux attaques successives doivent être séparées par un intervalle compatible avec le renvoi des chars en arrière;

— lorsque l'ennemi a réussi à se dérober et que les chars ne sont plus capables de soutenir l'allure des troupes de poursuite.

Le maintien trop prolongé des chars est, en effet, susceptible de faire connaître rapidement l'emplacement des premières lignes d'infanterie. Il risquerait, d'autre part, de causer la destruction des appareils. Il compromettrait enfin la reconstitution, toujours lente et pénible, des unités de chars en fin de combat.

De même, lorsque l'attaque est considérée comme momentanément enrayée, le commandant d'une infanterie disposant de chars doit faire ramener ces derniers en arrière et ne pas les laisser s'user inutilement pour essayer d'entraîner en avant une infanterie qui ne peut plus avancer.

Les sections libérées gagnent les positions de ralliement qui leur ont été indiquées et repassent sous les ordres directs des commandants d'unités de chars, qui les font ravitailler et reconstituer.

2° COMBAT SANS ARTILLERIE.

314. Pour avancer malgré l'ennemi, il faut désorganiser par son propre feu le système de feux qui constitue l'essentiel de la défense adverse; cette première condition doit être réalisée tout d'abord (N° 130).

Il s'ensuit que dans tous les cas où l'infanterie peut obtenir ce résultat avec ses seuls moyens de feu, elle est susceptible de progresser sans le concours des aides qui prennent habituellement à leur charge une partie de cette tâche : artillerie, chars, aviation.

C'est, notamment, le cas d'un combat contre une troupe en état d'infériorité très nette, morale ou numérique, ou mal retranchée, ou mal disposée sur le terrain, ou dépourvue elle aussi d'artillerie, ou en retraite.

Même lorsqu'elle se heurte à de fortes organisations, une infanterie instruite et confiante dans ses moyens d'action propres peut tout au moins prendre énergiquement le contact et ne pas perdre de terrain; elle donne ainsi à son artillerie ou à ses chars le temps nécessaire pour intervenir avec moins de précipitation et plus d'efficacité.

D'ailleurs, l'infanterie aura très fréquemment à continuer le combat avec un appui d'artillerie diminué, pendant la phase du combat où cette arme procède à ses déplacements par échelons (N° 95).

315. L'armement actuel de l'infanterie, méthodiquement employé, lui permet, sinon de détruire, du moins de neutraliser tous les moyens de feu de l'ennemi qui ne sont pas sous cuirasse et qui se révèlent dans la zone des petites et des moyennes distances.

Le principe d'un tel combat est, compte tenu des munitions dont on dispose, d'accabler tous les points occupés *ou simplement suspects* d'une quantité de projectiles telle que les défenseurs soient obligés de rester terrés ou du moins que leur sang-froid et leur adresse soient extrêmement réduits, du fait de la menace qui pèse sur eux.

Il y a donc lieu :

— de pouvoir faire tirer, dès le début de l'action, ou dès qu'il est nécessaire, un nombre d'armes automatiques supérieur à celui qui répond aux prévisions habituelles;

— de suppléer à l'action rapprochée de l'artillerie par celle des engins et des grenades à fusil;

— de procéder par concentrations massives au besoin successives;

— de prévoir une très abondante consommation de munitions.

316. Parmi les procédés offensifs énumérés précédemment, on fait choix de ceux qui procurent les feux les plus violents et qui permettent des concentrations de projectiles sur les points importants.

Les compagnies d'attaque prennent des formations comportant à l'échelon de feu une très importante proportion de F.-M.

Les mitrailleuses des bataillons de première ligne conservent leur rôle habituel : *préparation* et *appui direct* de l'attaque par les feux. On cherche à les employer au maximum, en ne conservant qu'une petite réserve de matériel de remplacement.

Les mitrailleuses des bataillons en réserve sont utilement poussées en avant de leurs bataillons. De points dominants convenablement choisis, elles exécutent dès le début, par-dessus les premiers échelons, des tirs de *protection* sur des objectifs plus éloignés (mission habituellement remplie par l'artillerie); elles rentrent dans leurs bataillons lorsqu'ils les dépassent.

Les groupements de mitrailleuses constitués par le commandant de l'infanterie divisionnaire agissent en même temps sur les arrières par des tirs indirects d'interdiction ou de harcèlement.

Tous les canons de 37 et les mortiers du régiment peuvent être groupés au premier échelon en vue de concentrer au besoin leurs feux; ils reçoivent des missions d'appui direct qu'ils peuvent assurer jusqu'à 1.000 ou 1.200 mètres de la ligne de départ, puis continuer après un déplacement convenable.

Les tromblons V. B., groupés par petites unités, par les soins des chefs de section ou de compagnie, peuvent exécuter des barrages offensifs et défensifs à courte distance devant le front et des concentrations de feux. Bien ravitaillés, ils suppléent pour cette catégorie de tirs à l'absence de l'artillerie légère, et ils peuvent même serrer de plus près, sans danger, les contours des éléments avancés.

Toutes liaisons et conventions nécessaires sont établies avec ces différents organes de feu afin qu'ils cessent ou allongent leur tir à temps pour laisser le champ libre aux voltigeurs les plus avancés. Ils se déplacent ensuite par échelons et par de larges bonds.

3° LES GROUPEMENTS ÉVENTUELS

Patrouilles.

317. Les patrouilles sont de petits détachements de force variable, qui sont employés à des missions de sûreté ou de reconnaissance en avant d'une position occupée ou en fin de combat : **patrouilles de sûreté, patrouilles de reconnaissance.**

On appelle aussi patrouilles les groupes de combat composant l'échelon le plus avancé d'une unité en formation d'approche ou de combat : **patrouilles de contact, patrouilles de combat.**

Ces dernières sont généralement chargées, après avoir découvert l'ennemi, de prendre vis-à-vis de lui une attitude nettement offensive et d'amorcer, dans toute la mesure de leurs moyens, le combat de reconnaissance de la compagnie qui les suit. Devant poursuivre leur progression sans esprit de retour, ce sont toujours des fractions (sections, groupes, exceptionnellement équipes) ayant leur effectif, leur équipement et leur armement normaux.

Au contraire, les patrouilles de sûreté ou de reconnaissance qui sont détachées en avant d'une troupe en station sont destinées à revenir à leur point de départ; elles ont la composition et l'armement qui conviennent le mieux à leur mission particulière.

Patrouilles de sûreté et de reconnaissance.

318. L'envoi de patrouilles en avant de la ligne des guetteurs les plus avancés est indispensable, surtout la nuit, pour surveiller les parties du terrain qui échappent à la vue de ces derniers. Elle sont essentiellement les **éléments mobiles de la surveillance.** Elles peuvent cependant, suivant les instructions reçues, s'immobiliser parfois pendant un temps plus ou moins long, soit pour mieux observer, soit pour tendre des embuscades.

319. Les patrouilles sont prescrites par les commandants de compagnie ou de bataillon de premier échelon. Elles sont fournies le plus souvent par les réserves de ces unités.

L'effectif d'une patrouille doit être suffisant pour qu'elle puisse dominer une patrouille adverse, ramener des blessés ou des prisonniers, établir au besoin une chaîne de liaison la reliant à son point de départ et, même si elle s'en éloigne considérablement, constituer un ou plusieurs échelons de repli, fixes ou mobiles, entre elle et les lignes amies.

Le groupe de combat est l'unité de patrouille la plus employée. Il possède l'effectif minimum nécessaire et dispose de l'armement voulu pour satisfaire à la plupart des missions à envisager.

Les patrouilles destinées à explorer le terrain la nuit jusqu'à 1.000 et 1.500 mètres en avant de la ligne de surveillance fixe sont généralement commandées par un chef de section et se composent de deux ou trois groupes, dont une partie assure aux patrouilleurs les plus avancés la sécurité de leurs flancs et de leur ligne de repli.

La composition des fractions constituées peut être modifiée par l'adjonction de spécialistes (pionniers, signaleurs, etc.), de grenadiers d'élite supplémentaires ou de quelques volontaires renommés par leur audace. Les hommes dont le manque de sang-froid ou la maladresse pourraient être un danger pour leurs camarades sont éliminés.

L'équipement et l'armement sont fixés en raison du but de l'opération et de sa durée. Les hommes sont allégés du sac et d'une partie des cartouches; leur équipement est arrimé de façon à éviter le bruit; on peut substituer le mousqueton et parfois le pistolet au fusil. On prend des grenades offensives.

En raison de l'effet matériel et moral qu'il est susceptible de produire, en cas de rencontre d'une patrouille ennemie, le F.-M., approvisionné à quelques chargeurs, est également emporté. Les aides-pourvoyeurs, allégés des chargeurs inutiles, pourront combattre au fusil ou à la grenade.

Les outils emportés sont surtout des cisailles et des serpes.

320. *Le succès d'une patrouille dépend en grande partie du choix de son chef.*

Les instructions qui lui sont données avant son départ indiquent :

— la mission précise de la patrouille; les points importants qu'il devra vérifier ou reconnaître lui-même;

— l'itinéraire général à suivre ou le secteur à parcourir;

— les points qu'il ne devra pas dépasser ou la durée approximative de sa mission;

— les signaux ou mots de reconnaissance.

Les unités voisines sont prévenues, afin qu'il n'y ait pas de méprise dans le cas où la patrouille serait obligée de rentrer par un itinéraire non prévu. L'artillerie est également avisée.

Le chef de patrouille instruit ses hommes de la mission et de la conduite à tenir; il insiste sur les renseignements qui doivent être recherchés et rapportés, même si les chefs viennent à disparaître; il désigne son suppléant. Il fait observer à ses hommes, si possible pendant le jour, le terrain à parcourir la nuit; il convient avec eux de quelques signaux simples; il leur communique les mots et les signaux nécessaires pour qu'ils puissent rentrer isolément si la patrouille est obligée de se disperser. Il emporte une boussole lumineuse. Il prévoit les artifices à lancer de l'arrière pour guider son retour ou à tirer lui-même pour éclairer son chemin.

321. *Le dispositif d'une patrouille est infiniment variable.* Les hommes doivent être suffisamment rapprochés les uns des autres pour ne pas se perdre dans l'obscurité et pour pouvoir agir en liaison, suffisamment dispersés pour ne pas tomber tous ensemble dans une embuscade. Le F.-M. est placé un peu en arrière des premiers éclaireurs pour pouvoir tirer vers l'un ou l'autre flanc.

Lorsqu'un ou plusieurs échelons de repli ou de flancs-gardes sont prévus, les points où ils devront prendre position sont, si possible, fixés d'avance et indiqués à tous.

La place du chef de patrouille est, en principe, avec le groupe le plus avancé.

322. Les patrouilles s'avancent avec précaution et sans bruit. Elles s'arrêtent souvent pour écouter et s'orienter, car on observe mal en marchant.

Elles évitent d'engager le combat si cela n'est pas nécessaire pour l'accomplissement de leur mission. Néanmoins, *l'importance de faire des prisonniers* est telle, qu'elles ne négligent aucune occasion d'en capturer, attaquant ou laissant venir dans une embuscade les éléments ennemis qu'elles éventent : c'est là une mission permanente qui s'ajoute à la mission particulière de toutes les patrouilles.

Si un danger menace les avant-postes, elles ouvrent un feu violent pour les en prévenir.

323. Les indications qui précèdent concernent surtout les patrouilles circulant la nuit ou sous bois.

Le jour, on ne peut envoyer en terrain peu couvert que des patrouilles d'un très faible effectif, composées d'hommes choisis, exercés à se glisser partout en se montrant le moins possible. Si le résultat recherché ne peut être obtenu par une patrouille de cette nature, il faut recourir à un véritable combat de reconnaissance, qui se mène comme une opération ayant pour objet la prise de contact. (N° 75.)

324. A sa rentrée, le chef de patrouille rend compte verbalement des incidents de la patrouille et, par écrit, de ses résultats. Ce dernier renseignement est transmis à l'autorité supérieure.

325. Avant le point du jour, les patrouilles sont particulièrement nécessaires et doivent être poussées plus au loin. Quand les avant-postes doivent séjourner plusieurs jours sur le même terrain, l'heure de la sortie et l'itinéraire des patrouilles sont changés chaque jour.

Éclaireurs d'infanterie.

326. Le gradé et les quelques hommes qui marchent en tête d'une patrouille sont des **éclaireurs.**

Les éclaireurs marchent l'arme à la main, prêts à faire feu. Attentifs aux gestes de leur chef, ils marchent dispersés, visitent les abris et les couverts dans la direction de la marche, signalant les points suspects, les obstacles, les défenses accessoires.

En cas de rencontre avec une petite patrouille ennemie, ils s'embusquent pour tâcher de la surprendre et de la capturer. Si l'ennemi est en nombre, ils se dissimulent et font appel aux fractions en arrière.

Ils ne tirent qu'à la dernière extrémité, si leur sécurité personnelle l'exige. Un seul coup de feu inutile peut mettre l'ennemi en garde et faire échouer la patrouille dans sa mission.

Si l'ennemi se retire, les éclaireurs le suivent; s'il les entraîne hors de la direction assignée, ils préviennent l'échelon en arrière, qui les fait remplacer aussitôt par d'autres éclaireurs; dès que les premiers éclaireurs ont pu passer leurs renseignements à quelque troupe opérant dans la zone voisine, ils regagnent la zone de leur unité.

327. Les éclaireurs d'une patrouille d'avant-garde opérant de jour se conduisent de même. Il leur est quelquefois adjoint un cycliste. Ils cherchent à communiquer à la vue avec les éclaireurs des groupes voisins; ils fouillent rapidement le terrain intermédiaire; s'il est boisé, ils le traversent en s'appliquant à ne pas retarder la marche des fractions qui les suivent.

Ils marchent sur les bords élevés des petits défilés ou des routes encaissées. En haut d'une montée, ils s'arrêtent au défilement de l'homme debout et observent avant de repartir.

Le service des éclaireurs est pénible; ils sont relevés fréquemment.

Éclaireurs montés.

328. Les **éclaireurs montés** du régiment sont répartis par le colonel, suivant les besoins des unités sous ses ordres.

Ils sont destinés à être adjoints pendant le jour aux éléments avancés chargés de prendre le contact. Leur monture leur permet d'aller plus vite et plus loin que les fantassins faisant partie de ces éléments.

Pendant les haltes, ils gagnent du terrain dans la direction dangereuse pour ménager du repos aux hommes chargés.

A partir du moment où le contact est étroitement pris, il convient, en raison de leur vulnérabilité, de ne plus les utiliser que comme agents de transmission.

Détachements chargés d'un coup de main.

329. Le coup de main est une attaque locale visant un objectif peu éloigné et prescrite par le commandement pour répondre à un besoin bien déterminé.

Le but du coup de main est tantôt d'enlever et de conserver quelque partie de la position ennemie dont la possession est utile **(coup de main d'occupation),** tantôt de faire des prisonniers ou des destructions **(coup de main de va et vient).**

330. Les difficultés ne sont pas les mêmes s'il s'agit d'une incursion à faire dans un front stabilisé depuis quelque temps ou si l'on est en période d'opérations actives, en face d'un ennemi n'ayant qu'une organisation de fin de combat.

331. *Dans le premier cas*, l'adversaire, bien retranché, dispose d'un système de feux perfectionné à loisir et est abrité derrière des défenses accessoires.

L'opération est un coup de force nécessitant des moyens très importants; elle ne doit être décidée que si elle est jugée indispensable et si les résultats semblent devoir être en rapport avec les moyens à déployer.

Son succès repose essentiellement sur une préparation minutieuse et sur la rapidité de l'exécution. Pendant l'action, le chef est à peu près impuissant à modifier le programme arrêté d'avance.

Des observations nombreuses et l'étude des photographies aériennes permettent de prévoir en partie les obstacles à surmonter.

La répartition des tâches entre les exécutants doit être étudiée de très près; chaque fois qu'on le peut, on fait une répétition de l'opération sur un terrain de la zone arrière.

L'attaque doit être confiée à des exécutants résolus et pourvus très largement des moyens susceptibles de lui assurer toutes les chances de réussite.

Comme pour les patrouilles, le détachement se compose de fractions constituées dont la composition et l'armement sont adaptés au but particulier poursuivi (n° 319).

L'opération se monte comme l'attaque d'une position fortifiée, et peut, comme celle-ci, être conçue soit entièrement par surprise, soit avec une préparation d'artillerie. L'artillerie appelée à participer au coup de main doit être assez nombreuse pour que cette préparation puisse être très courte et pour qu'il soit fait en même temps des tirs de contre-batteries et des simulacres de préparation sur d'autres points.

Pendant l'opération même, les tirs de protection prennent souvent la forme d'un *encagement* interdisant complètement aux renforts ennemis l'accès de la zone attaquée et empêchant le repli des occupants. Les mitrailleuses sont particulièrement aptes à compléter cette action sur les deux flancs, car elles peuvent établir des barrages latéraux, bordant l'attaque de plus près que les obus et sans aucun danger pour elle.

L'attaque s'avance généralement derrière un barrage roulant qui se fixe à 200 ou 300 mètres au delà de l'objectif à atteindre.

L'occupation de la position conquise ou bien le repli avec les prisonniers sont réglés d'avance en détail.

Une fraction de soutien et de recueil éventuel peut renforcer le premier échelon des avant-postes jusqu'à la fin de l'opération.

Les dispositions varient selon que le coup de main est exécuté la nuit, dans une demi-obscurité ou le jour.

Pendant le jour, il est fait un large emploi d'obus et d'artifices fumigènes.

Pendant la nuit, la rentrée dans les lignes doit faire l'objet de prévisions et de précautions spéciales, afin d'éviter les méprises.

332. *En période d'opérations actives*, les coups de main sont plus fréquents, en raison des renseignements nombreux que nécessite une situation constamment variable. Leur préparation est beaucoup plus sommaire. Ils sont montés par les commandants de régiment ou de bataillon, avec l'aide de l'artillerie d'appui direct.

S'il ne s'agit que de l'enlèvement par surprise d'un petit poste rapproché, on peut n'y employer qu'un ou deux groupes composés d'hommes choisis, ayant confiance les uns dans les autres et particulièrement entraînés au maniement de la grenade.

Groupements de grenadiers.

333. Malgré les inconvénients que présente la dissociation du groupe de combat, qui, tel qu'il est organisé, est apte à la plupart des missions, on doit parfois avoir recours, pour certaines opérations de détail, à des groupements de grenadiers-voltigeurs organisés pour combattre surtout à la grenade. Ils conviennent à la progression pied à pied dans un boyau occupé, à l'enlèvement d'un petit poste très rapproché, à certains épisodes du combat dans les rues, dans un souterrain, dans un fort, etc...

334. Le groupement formé comprend, en principe, un chef, deux lanceurs et une dizaine de pourvoyeurs et de grenadiers suppléants.

Les lanceurs doivent avoir les mains libres : ils portent le mousqueton en bandoulière ou ne l'emportent pas, si le combat a un objectif limité. Les autres hommes ont leur fusil, quelques chargeurs et beaucoup de grenades.

Pour la progression dans un boyau, de traverse en traverse, les deux lanceurs sont en tête, couverts par un voltigeur baïonnette au canon, et accompagnés par le chef. A quelques pas en arrière viennent les pourvoyeurs, et plus loin d'autres voltigeurs destinés à relever les lanceurs, à surveiller le terre-plein en dehors des boyaux, à remplir des sacs à terre pour faire des barricades, ou encore, à lancer des grenades à fusil.

Les dispositions prises doivent tendre à éviter l'entassement. Chacun garde le silence pour percevoir les bruits venant du côté de l'ennemi. On communique par gestes.

Un des lanceurs *lance court* pour chercher à atteindre les ennemis les plus rapprochés, l'autre *lance long* pour isoler les lanceurs ennemis et chercher à empêcher leur ravitaillement en grenades, ainsi que l'arrivée des renforts. Le chef observe latéralement les points de chute et fait rectifier le tir. L'homme qui précède les lanceurs est à l'affût de toutes les occasions d'avancer de tournant en tournant, de franchir les barricades nettoyées d'ennemis et de signaler que le passage est libre.

Le groupe de tête a une mission fatigante et périlleuse; il est relevé fréquemment.

Si l'ennemi prend momentanément la supériorité, on obstrue le boyau par des barrages ou on le fait ébouler pour obliger l'ennemi à se montrer à découvert.

335. L'enlèvement à la grenade d'un petit poste ou d'un épaulement de mitrailleuses est possible lorsque de nombreux accidents de terrain, en particulier des trous d'obus, permettent aux lanceurs et aux pourvoyeurs de s'approcher peu à peu jusqu'à distance de jet de grenade, en encerclant l'objectif. Leurs bonds sont favorisés par le feu continu de fusils-mitrailleurs ou de mitrailleuses, renforcé au besoin par celui des armes des voltigeurs, notamment des tromblons V.-B.

Dans les combats de rues, les voltigeurs surveillent spécialement les portes et les fenêtres, tandis que les lanceurs et les pourvoyeurs se glissent le long des murs, pour atteindre les maisons et les caves.

336. On peut avoir à faire agir ensemble deux ou plusieurs groupements semblables en vue d'un but commun. Un tel combat n'est que la juxtaposition des combats partiels menés par les groupements. L'officier chargé de l'opération répartit entre eux l'objectif total, applique chacun d'eux à un point judicieusement choisi et s'efforce, pendant le combat, de coordonner leurs efforts. Il assure le ravitaillement.

Groupements de tromblons W.-B.

337. Il y a souvent intérêt à grouper les grenadiers V.-B. d'une ou de plusieurs sections pour déclencher des concentrations de feux ou des barrages pouvant suppléer ceux de l'artillerie légère à distance rapprochée, avec beaucoup plus de précision. Une grande abondance de munitions est nécessaire.

Le chef de section ou le capitaine organise le groupement de tromblons (chef, grenadiers V.-B., pourvoyeurs) et lui donne sa mission. Les dispositions à prendre pour le pointage en portée et en direction des tromblons sont différentes selon que l'on veut obtenir une concentration sur un îlot de résistance ou un barrage en avant d'un front donné. Dans ce dernier cas, on cherche à réaliser des éclatements s'espaçant de 30 à 40 mètres sur une ligne déterminée.

Groupement de mitrailleuses.

338. Les groupements de mitrailleuses qui peuvent être formés par le colonel ou le commandant de l'infanterie divisionnaire en vue de faire du harcèlement ou de l'interdiction à grandes distances, principalement par tir indirect, sont étudiés dans l'*Instruction pour les unités de mitrailleuses d'infanterie.*

4° FLANCS-GARDES DE LIAISON.

339. Les **flancs-gardes de liaison** sont des détachements qui marchent, en principe, sur la limite de séparation de deux bataillons, en échelons refusés, leur tête à la hauteur du deuxième ou du troisième échelon de ces bataillons.

Elles ont pour mission éventuelle de combler le vide qui se produit si l'un des bataillons avance plus vite que l'autre, se resserre trop sur son centre, ou s'écarte de la direction prescrite.

Elles se déploient et s'engagent alors d'elles-mêmes, dans le but :

— d'assurer la continuité de l'attaque dans l'intervalle qui sépare les deux bataillons;

— de protéger le flanc découvert du bataillon le plus avancé;

— de prendre d'écharpe ou d'enfilade les organes de défense qui s'opposent au mouvement du bataillon attardé.

340. Les flancs-gardes de liaison sont prévues par les soins du chef commun aux deux unités qu'elles intéressent. Selon les ordres, elles sont fournies par la réserve d'un des bataillons ou constituées par des prélèvements opérés sur les deux bataillons voisins. Elles sont utilement pourvues de mitrailleuses.

Entre deux compagnies du même bataillon, il y a parfois intérêt à faire marcher en flanc-garde de liaison un groupe de combat ou un groupe de mitrailleuses.

Il doit toujours être constitué des flancs-gardes de liaison lorsque le front d'attaque attribué à une unité est considérable par rapport à son effectif, ou lorsque les lignes d'arrêts prévues ne sont pas des lignes naturelles du terrain, le long desquelles la liaison est facile à établir à la fin du bond.

5° LE NETTOYAGE.

341. Dans la progression à travers des positions organisées, la mission de nettoyage des îlots de résistance, abris souterrains, etc... incombe à des unités constituées, de force variable, désignées à l'avance, qui auront parfois à mener de durs combats partiels.

Hors de fortes organisations, le nettoyage du terrain submergé par des unités d'attaque est achevé par les unités de deuxième et troisième échelons.

342. Les unités de nettoyeurs marchent par groupes ou équipes derrière l'échelon de feu des compagnies d'attaque, surtout si le deuxième échelon doit le suivre d'assez loin. Il importe en effet que les tranchées ou abris dépassés soient immédiatement nettoyés et tenus. Si deux échelons ont serré l'un sur l'autre dans la base de départ et doivent se succéder à courte distance, les nettoyeurs sont placés derrière le deuxième échelon. Ils reçoivent un complément d'armement spécial (grenades suffocantes et incendiaires, etc...).

Tantôt les renseignements permettent de fixer d'avance aux fractions de nettoyeurs les points où ils doivent aller délibérément pour désarmer et capturer les survivants; tantôt ils opèrent sur signaux des groupes d'attaque qui auront dépassé des tranchées encore occupées sans y descendre eux-mêmes.

Une partie des nettoyeurs progresse par les communications, les autres par le terre-plein. Les combats partiels sont menés par les procédés ordinaires ou par ceux qui ont été indiqués pour les groupements de grenadiers (n° 334).

Pour nettoyer un gros îlot de résistance, isolé par double débordement, il peut être nécessaire d'employer du canon et mieux, des chars de combat, pour lesquels ce rôle est prévu lorsque le bataillon dispose de deux échelons de chars (n° 293).

Lorsqu'un village a été dépassé et nettoyé, il est bon, en raison des nombreuses caves et abris qui n'ont été qu'incomplètement visités, de laisser une garnison de sûreté pour parer à toute surprise.

6° COMBATS DE NUIT.

343. Les opérations de nuit présentent les caractères suivants :

La surprise est plus facile à réaliser et est plus impressionnante que pendant le jour.

L'approche peut être aisément poussée jusqu'à distance d'assaut.

L'importance du feu diminue considérablement, du fait que le tir ne peut être ni ajusté, ni conduit.

L'attaque ne peut viser que l'enlèvement d'un objectif bien déterminé, facile à trouver dans l'obscurité ou déjà connu des assaillants.

On ne manœuvre pas la nuit : il est presque impossible de diriger des réserves sur les points où elles deviendraient nécessaires au cours du combat. L'action du chef réside surtout dans la préparation, elle s'exerce peu sur la conduite même du combat. L'échelonnement perd, par suite, de son importance.

Les attaques menées par des unités voisines sont difficiles à coordonner pendant l'opération; une fois lancées, elles se poursuivent presque indépendamment, chacune avec ses moyens propres.

La force des attaques de nuit est réduite à celle que peuvent fournir les têtes de colonnes, en raison de l'impossibilité de les renforcer comme on pourrait le faire pendant le jour.

Le maintien de la direction est capital.

L'artillerie ne peut agir qu'en exécutant des tirs convenus d'avance. L'infanterie porte presque seule le poids des combats de nuit.

344. Un combat de nuit peut avoir pour but :

— soit d'achever de remplir une mission qui n'a pu être complètement menée à bien pendant le jour;

— soit de faciliter une opération prévue pour le matin ou pour un jour suivant, en s'emparant d'une position de départ, d'emplacements de tir ou d'observatoires avantageux;

— soit de vérifier ou de reprendre le contact.

345. Quand l'effectif consacré à l'opération est important, il est nécessaire d'organiser des attaques distinctes visant chacune l'enlèvement d'un objectif déterminé. Le commandement obtient le résultat d'ensemble en fixant les heures respectives des différentes attaques.

Chaque unité d'attaque est généralement disposée en une ligne de petites colonnes, chacune d'elles déployant en tête la plus grande partie de ses moyens de choc. Une petite réserve suit à distance rapprochée.

La cohésion s'obtient en donnant, à toutes les colonnes, une direction rigoureuse au départ et en fixant des intervalles et distances plus faibles que pendant le jour entre les diverses fractions et entre les hommes.

La préparation porte sur tous les détails de l'exécution : étude du terrain pendant le jour par les exécutants, repères pris en avant et en arrière, emploi de la boussole lumineuse, indication de points de ralliement, de signaux de reconnaissance, d'un signal de fin d'opération, etc...

Tous les mouvements prévus doivent être simples et les itinéraires faciles. Le silence est de rigueur.

Une fois partie, *chaque colonne va droit au but sans s'occuper des colonnes voisines, et sans répondre au feu; elle cherche le succès dans l'abordage rapide et dans le choc.*

La réserve est habituellement utilisée comme échelon de repli en cas d'échec. Elle doit être commandée avec beaucoup de sang-froid et se garder des méprises.

346. Le résultat d'une attaque ou d'une contre-attaque exécutée en pleine nuit est forcément limité. L'exploitation complète du succès est difficile dans l'obscurité; la troupe qui a exécuté l'attaque doit le plus souvent se borner à occuper le terrain conquis et à garder le contact. L'installation est améliorée au petit jour, à moins qu'une nouvelle attaque ne s'engage alors.

347. La tombée de la nuit ne doit point arrêter une troupe qui a une mission en cours d'exécution. S'il s'agit d'atteindre un objectif fixé, l'obscurité peut amener à modifier le dispositif de jour et donne même à l'attaque certains avantages nouveaux.

S'il s'agit d'une poursuite, il est d'autant plus nécessaire de garder le contact des arrière-gardes ennemies et de ne leur laisser aucun répit qu'elles essaieront toujours de profiter de la nuit pour se donner du champ.

348. *Le combat dans le brouillard ou dans la fumée* présente des analogies avec le combat de nuit. Il faut cependant prévoir que le brouillard peut se dissiper brusquement et ne pas risquer d'être surpris dans des formations trop vulnérables.

349. *Le combat dans une zone infectée de gaz* a les désavantages d'un combat dans une demi-obscurité, en raison du port du masque qui diminue la vision et cause un essoufflement rapide. Il importe toutefois de le poursuivre, afin de sortir le plus tôt possible du terrain gazé, dans lequel, au surplus, l'ennemi est rarement en nombre et n'est pas moins gêné que l'assaillant.

7° COMBATS SOUS BOIS.

350. *Les combats sous bois* présentent, bien qu'à un degré moindre, certaines difficultés des combats de nuit : les erreurs de direction sont à craindre; les liaisons se font mal; à partir du bataillon, le chef insuffisamment renseigné et n'ayant que des vues limitées, ne peut espérer conduire le combat comme en terrain ordinaire; l'appui de l'artillerie est à peu près nul, faute de pouvoir lui préciser la ligne atteinte.

En revanche, les dispositions de départ peuvent être prises à loisir, à l'abri des vues, avec une grande perfection; l'observation ennemie est impuissante à éventer l'opération. On peut se proposer la conquête de plusieurs objectifs successifs, en ayant soin de rétablir chaque fois l'ordre et les liaisons. Au cours de l'attaque, on peut combiner quelques manœuvres locales d'autant plus facilement que les réserves ont toute latitude pour suivre de près et pour se mouvoir dans tous les sens, à l'abri des vues.

Sous bois, le feu d'infanterie a plus d'efficacité que la nuit; la profondeur est moins nécessaire qu'en terrain découvert, ce qui permet parfois de livrer combat avec une notable infériorité numérique, masquée par un échelon de feu très dense.

Les chars sont aptes à combattre dans les futaies peu serrées, mais non dans les taillis.

351. Les formations à prendre varient suivant la nature du bois.

Elles ont pour base la compagnie.

Dans les bois de haute futaie, de parcours facile, la compagnie marche en une ligne de petites colonnes, éclairée par des patrouilles et suivie d'une petite réserve. L'intervalle entre les colonnes doit leur permettre de ne pas se perdre de vue et de se déployer.

Les groupes en réserve marchent en arrière des intervalles existant entre les groupes qui les précèdent; ils détachent le nombre d'*hommes de communication* nécessaire pour suivre le mouvement sans s'égarer.

Lorsque le bois est épais, on forme un moins grand nombre de colonnes, on renforce les groupes d'avant-garde par des pionniers ou des sapeurs.

Les mêmes précautions que pendant la nuit sont prises pour assurer la direction et les liaisons. La boussole est d'un emploi général. Des arrêts suffisamment longs sont prévus sur les grandes coupures parallèles au front de marche : ils permettent de rétablir les liaisons latérales.

Les patrouilles qui éventent l'ennemi avertissent de sa présence par signaux convenus.

La rencontre sous bois se produit presque toujours à courte distance; l'attaque consiste alors dans l'abordage rapide d'un adversaire surpris. On ne s'attarde pas à ouvrir le feu, à moins de nécessité absolue.

352. Les troupes parvenues par leur progression à la lisière opposée d'un bois sont tenues à certaines précautions pour en déboucher. Les fractions isolées qui continueraient à avancer risqueraient d'être détruites séparément par le feu de l'ennemi. Il convient d'attendre, en deçà de la lisière, que le dispositif ait pu être entièrement réorganisé, à la faveur du couvert. Cette condition réalisée, on débouche du bois comme de toute autre base de départ.

353. *L'attaque de la lisière d'un bois* se mène d'après les principes généraux exposés au chapitre III du titre I. Le premier objectif à occuper est constitué par la lisière elle-même.

Les saillants du bois se prêtant particulièrement au flanquement des abords, il est indiqué de les neutraliser par de violentes concentrations de feux, tandis que l'infanterie attaque les parties intermédiaires, présumées moins tenues.

8° COMBATS DANS LES LOCALITÉS.

354. Les localités, même ruinées par le canon, présentent une grande accumulation d'obstacles et d'abris favorables à la défense et très difficiles à enlever par les procédés d'attaque ordinaires. En général, on devra chercher à les déborder et à les encercler. L'occupation devient alors une opération de nettoyage (n° 341) qui est entreprise par les lisières les moins défendues et de plusieurs côtés à la fois. L'emploi de groupements de grenadiers (n° 333), de détachement du génie porteurs d'explosifs, de pièces de canon ouvrant des brèches à courte portée est indiqué. Dès qu'un organe de défense intérieure est reconnu, on évite de s'exposer à son feu; on utilise ou l'on crée des cheminements abrités pour l'atteindre de flanc ou à revers.

9° MARCHES PRÉCÉDANT L'APPROCHE. DISPOSITIFS D'AVANT-GARDE.

355. Les troupes qui font mouvement sur routes à la rencontre d'un ennemi avec lequel le contact n'a pas encore été pris ou a été perdu, garantissent leur sûreté par des détachements dénommés : **avant-garde, arrière-garde, flancs-gardes**, suivant qu'ils sont placés en avant, en arrière ou sur les flancs de la colonne.

356. *Loin de l'ennemi*, l'avant-garde a principalement pour rôle de déblayer les obstacles qui pourraient se trouver sur la route suivie par la colonne, éventuellement de protéger celle-ci contre les entreprises qui pourraient être tentées par des engins à grand rayon d'action sur roues ou sur chenilles (autos-mitrailleuses, chars rapides, etc.) en vue d'y jeter le désordre.

Elle est constituée par des fractions d'infanterie, d'artillerie, de cavalerie et du génie dont l'importance est proportionnée à celle de la troupe à couvrir. Ces éléments sont, pour la marche, sous les ordres d'un même chef qui est le commandant de l'avant-garde (voir les numéros 153 et 154).

357. L'avant-garde se fractionne généralement en un cercertain nombre d'échelons dénommés **pointe, tête et gros de l'avant-garde.**

La *pointe* est formée par la cavalerie attachée à l'avant-garde, appuyée par des fractions d'infanterie. Elle peut comprendre des chars éclaireurs et des autos-mitrailleuses.

La *tête* comprend du tiers au quart de l'infanterie de l'avant-garde et le détachement du génie.

Le *gros* est constitué par la majeure partie de l'infanterie, ses engins, éventuellement ses chars de combat et son artillerie d'accompagnement.

Les distances qui séparent l'avant-garde du gros de la colonne et les différents échelons entre eux sont fixées par l'ordre de mouvement et varient avec le terrain, la force et la mission de l'avant-garde.

Elles doivent être suffisantes pour permettre à la colonne de marcher librement et pour la garantir contre toute tentative de l'ennemi.

358. Il n'est constitué de *flancs-gardes et d'arrière-garde* que si la colonne n'est pas encadrée par d'autres colonnes suivant des routes parallèles et s'il y a lieu de craindre que cette situation puisse être mise à profit par des détachements légers ennemis. A très grande distance de l'ennemi, la sûreté résulte de cette distance même.

Les effectifs des flancs-gardes et des arrière-gardes sont fixés selon l'importance des dangers présumés dans la direction où ces détachements sont interposés. Ainsi, dans les marches rétrogrades, l'arrière-garde a une importance analogue à celle de l'avant-garde dans les marches en avant : elle se fractionne alors en échelons de feux susceptibles de tenir pendant un certain temps les points indiqués et de rompre ensuite le combat (n° 454).

359. Dès que les unités de l'avant-garde ont à souffrir du feu de l'artillerie ou des attaques réitérées des avions, elles abandonnent les colonnes de route et prennent une formation d'approche étalée en largeur et en profondeur.

Cette formation peut être, au début, un fractionnement par compagnies entières continuant à utiliser les chemins, s'il s'en trouve en nombre suffisant dans la direction suivie. Elle se transforme ensuite peu à peu jusqu'à devenir, quand il est opportun, l'une des formations d'approche convenant à la progression des unités avant la prise de contact (n°° 72 et suivants).

Au cours de cette approche, chacun des régiments ou bataillons accolés se couvre lui-même dans sa propre zone de marche. Le détachement qu'il pousse en avant à cet effet est, comme précédemment, son avant-garde. C'est généralement une unité constituée (bataillon, compagnie), renforcée par des éclaireurs montés, des mitrailleuses, éventuellement de l'artillerie légère et des chars (n° 297, 4°).

La conduite que tient cet organe de sûreté et de reconnaissance dès qu'il rencontre l'ennemi a été exposée dans les chapitres traitant du combat.

TITRE III.

LA DÉFENSE DU TERRAIN.

CHAPITRE I.

DÉFINITIONS.
VUE D'ENSEMBLE D'UN SYSTÈME DÉFENSIF.

360. *Avant d'exposer le rôle des différents organes de la défense, il est nécessaire de rappeler et de compléter les définitions déjà données au n° 37 de la première partie. On s'est attaché à s'écarter le moins possible de la terminologie adoptée afin que l'emploi d'appellations anciennement usitées ne fasse pas naître de confusions sur l'importance, la situation respective et le rôle des éléments ou organes entrant dans la constitution d'un système défensif.*

361. On appelle **position** un ensemble de terrain, organisé ou non organisé, occupé par les troupes.

Certaines positions sont sensiblement parallèles au front. En partant de la plus rapprochée de l'ennemi, on les nomme :

Position de sûreté ou **d'avant-postes.**

Position principale de résistance.

Position de barrage.

D'autres positions sont obliques par rapport au front et relient les positions indiquées ci-dessus. On les appelle :

Positions en bretelle.

Il peut être prévu, en outre, entre la position principale de résistance et la position de barrage, une ou plusieurs positions que l'on appelle :

Positions intermédiaires.

362. Les positions sur lesquelles combat l'ensemble de l'infanterie d'une division au début d'une bataille défensive sont : la *position de sûreté* et la *position principale de résistance.*

Le commandement fixe la répartition, l'échelonnement et la mission de l'infanterie sur ces deux positions selon ce qu'il veut faire dans la situation particulière qui se présente : fin de bataille offensive, stabilisation, menace d'une grosse attaque ennemie, d'une attaque locale, etc.

Tant que le combat n'est pas imminent, des unités de la division peuvent être au repos ou à l'instruction dans des cantonnements en arrière de la position principale de résistance; elles sont portées sur cette position en cas d'alerte, à l'exception de celles que le général de division croit devoir maintenir plus en arrière afin qu'elles puissent être envoyées plus facilement dans toute direction utile.

363. La *position intermédiaire*, définie ci-dessus, est plus ou moins organisée et continue : elle est souvent constituée par la mise en état de défense des cantonnements de repos et des points saillants du terrain qui les sépare.

En cas d'attaque brusquée ayant réussi à franchir la position principale de résistance avant que les unités en réserve aient pu y être portées, le combat s'impose à ces éléments sur la position intermédiaire; mais leur emploi normal est sur la position de résistance.

364. *Le présent règlement ne traite que du combat des unités d'infanterie établies sur les deux premières positions.*

Le combat sur les autres positions situées plus en arrière se conduit, le cas échéant, de la même manière.

365. Le rôle de chacune des deux premières positions ainsi que la dénomination particulière des troupes qui les occupent sont indiqués ci-après :

1° La *position de sûreté* est occupée par les **avant-postes.** Elle couvre la position principale de résistance et procure aux troupes qui la défendent le temps nécessaire pour prendre les dispositions prévues et occuper leurs positions de combat. Elle empêche en même temps les organes terrestres de l'ennemi de savoir exactement où est cette position principale de résistance et en quoi elle consiste.

Les troupes de sûreté ou avant-postes (1) comprennent :

— un **échelon de surveillance,** composé de **postes de**

(1) Voir la note du n° 57 de la première partie.

surveillance, encore appelés **petits postes,** destinés à donner l'alarme en cas d'attaque et, éventuellement, à offrir une résistance limitée;

— un **échelon de combat des avant-postes,** composé d'unités ou fractions (compagnies, sections, groupes de combat) disposées en quinconce de manière à agir efficacement par le feu et à arrêter ou tout au moins retarder l'ennemi dans les conditions fixées par le commandement;

— éventuellement une **réserve d'avant-postes,** continuant le plus souvent vers l'arrière le dispositif en quinconce de l'échelon de combat, mais pouvant aussi en rester distincte.

2° La *position principale de résistance* est occupée par le gros des troupes, qui constitue **l'échelon de résistance.**

Elle est défendue à outrance et sans esprit de retraite.

L'échelon de résistance couvre les positions de l'artillerie (N° 382) et les observatoires importants (observatoires de commandement et d'artillerie).

Les divers éléments qui le composent sont disposés en profondeur, derrière des obstacles ou dans des organisations en quinconce s'appuyant et se flanquant mutuellement par le feu.

La plupart de ces éléments sont fixes. Toutefois, ceux qui occupent la partie arrière de la position sont mobiles et constituent les **réserves** propres des unités défendant la position; ils peuvent éventuellement être appelés à combattre sur place.

366. Sur chaque position, les obstacles ou organisations sur lesquels s'appuie la défense portent les noms de **postes, points d'appui** et **centres de résistance.**

Un *poste* est la portion de terrain occupée par un groupe, exceptionnellement par une équipe. Cette appellation s'applique également à la troupe d'occupation du poste.

Un *point d'appui* est la réunion des obstacles ou organisations (parties de villages ou de lisière de bois, boqueteaux, fermes, clôtures, tranchées, etc.) occupés par plusieurs groupes de combat aux ordres d'un chef de section ou d'un commandant de compagnie.

Un *centre de résistance* est la réunion de plusieurs points d'appui, groupés en largeur et en profondeur, et réunis sous le commandement d'un même chef, généralement commandant d'un bataillon ou capitaine commandant un groupement supérieur à une compagnie.

L'un des points d'appui du centre de résistance peut être désigné comme *réduit*. On entend par là un point d'appui particulièrement fort, susceptible de tenir par ses propres moyens, même après la chute des points d'appui voisins.

La troupe d'occupation des organes ci-dessus est dénommée **garnison** du point d'appui, du centre de résistance, du réduit.

367. On appelle **secteur** l'étendue de terrain limitée en largeur et en profondeur dont la défense est confiée à une grande unité : corps d'armée, division ou groupement de toutes armes de la force approximative d'une division.

En profondeur, le secteur s'étend sur les positions de sûreté et de résistance et sur une partie du terrain en arrière, dans laquelle est quelquefois prévue ou organisée, comme il a été dit plus haut, une position intermédiaire.

Le secteur est divisé en **sous-secteurs.**

368. La défense d'un sous-secteur est confiée à un régiment ou à un groupe de bataillons d'infanterie. Un sous-secteur comprend une certaine tranche de la position principale de résistance et la partie de la position de sûreté qui est en avant d'elle.

Un bataillon peut s'étendre sur les deux positions, se couvrant ainsi lui-même; il peut aussi être tout entier sur l'une d'elles.

Une compagnie, au contraire, est toujours affectée en entier à l'une ou à l'autre position.

Les dénominations de **quartier** et de **sous-quartier** s'appliquent au terrain occupé par un bataillon et par une compagnie.

CHAPITRE II.

BUT ET CONDITIONS GÉNÉRALES DU COMBAT DÉFENSIF.

BUT DU COMBAT DÉFENSIF.

369. Quelles que soient les raisons qui ont déterminé le commandement à prendre l'attitude défensive (n° 3), puis à accepter le combat défensif, quelle que soit la situation des forces en présence, le combat défensif se traduit toujours pour les exécutants par la mission suivante :

— *conserver, malgré l'ennemi, une certaine portion de terrain sur laquelle on a résolu de briser son effort.*

Cette mission se présente aussi bien pour une troupe attaquée sur une position qu'elle occupe depuis quelque temps déjà que pour une troupe qui, au cours d'une progression, doit s'assurer la possession du terrain conquis.

Les phases défensives sont, en effet, fréquentes dans le combat offensif. Elles s'imposent chaque fois qu'il y a lieu d'attendre l'arrivée d'une aide matérielle (munitions, chars, tirs d'artillerie, etc.) ou l'achèvement d'une manœuvre (renforcement, passage de ligne, débordement par un flanc, etc.).

PRINCIPES DU COMBAT DÉFENSIF.

370. Les principes suivants doivent régir les dispositions de la défense :

1° *C'est avant tout* **par le feu** *que la défense arrête une attaque.*

L'acte essentiel de la défense est l'établissement d'un **réseau complet et profond de feux puissants**, dans les mailles duquel l'ennemi sera tôt ou tard arrêté, même s'il en brise quelques-unes.

2° Le **mouvement** n'intervient que pour rejeter les éléments qui ont échappé au feu ou pour les capturer. En d'autres termes, *la contre-attaque n'est généralement opportune que contre un ennemi préalablement immobilisé par le feu.*

3° La décision prise par la défense de conserver une certaine portion de terrain expressément choisie implique l'emploi sur la **position principale de résistance** de la majeure partie des moyens.

Dans les limites d'étendue où combattent les unités d'infanterie jusqu'à la division incluse, il est toujours constitué *une seule position de résistance*, profonde et forte. Il ne saurait être question de diviser ses forces entre deux positions successives qui seraient faibles et risqueraient de succomber l'une après l'autre.

4° Le **terrain** joue, dans l'échelonnement du système de défense, un rôle très important. Avant même d'être organisé, il a, par rapport à une attaqeu donnée, une valeur intrinsèque qui repose principalement sur les conditions dans lesquelles se présentent le **flanquement**, les **vues**, les **communications**.

Il faut toujours chercher à s'assurer au maximum le bénéfice de ces conditions : sur la position de sûreté elles pourront rarement être entièrement réalisées partout. On les réalisera avec beaucoup plus de facilité si on a quelque latitude pour les rechercher plus ou moins en arrière, ce qui est le cas lorsque l'on choisit la position principale de résistance.

5° Quels que soient les avantages qu'offre par lui-même un terrain, qu'il ait pu être, ou non, renforcé par des travaux, il ne vaut que par les feux qu'on y réalise et par la résolution inébranlable des défenseurs de s'y maintenir.

Une unité qui a mission de tenir un point du terrain ne doit jamais l'abandonner sans un ordre. Elle résiste jusqu'au bout; chacun se fait tuer sur place plutôt que de reculer.

LA SURPRISE ET LA SURETÉ DANS LA DÉFENSIVE.

SURPRISE.

371. Le défenseur surprend l'assaillant en le tenant dans l'ignorance de la véritable position de résistance et du système de feux qui est préparé contre lui.

Le déclenchement des contre-attaques comporte aussi la recherche de la surprise.

SURETÉ.

372. La défense doit se tenir en garde contre une surprise ennemie, c'est-à-dire rester en état de pouvoir appliquer à tout moment, *malgré l'ennemi*, les dispositions préparées.

Divers moyens concourent à procurer la sûreté :

1° Le dispositif doit être suffisamment étendu en profondeur pour ne pouvoir être annihilé ou neutralisé en même temps dans toutes ses parties. Dans un secteur occupé par l'infanterie d'une division, la disposition des troupes en échelons successifs : **échelon de sûreté ou avant-postes, échelon de résistance** et, éventuellement, **réserves**, en donne le moyen.

2° L'**utilisation du terrain**, et, quand il est possible, son **organisation** méthodique dissimulent les divers organes du dispositif. Les procédés du camouflage déroutent les moyens d'investigation de l'aviation et des observatoires.

3° Une préparation minutieuse des parades à opposer aux surprises possibles permet de les moins redouter. Cette préparation défensive n'est jamais achevée complètement; elle peut toujours être perfectionnée, principalement en ce qui concerne les dispositions de détail. Il faut éviter cependant que les occupants successifs d'un secteur modifient sans motifs importants le plan général et les travaux de leurs prédécesseurs.

CHAPITRE III.

PRÉPARATION DU COMBAT DÉFENSIF.

PLANS ET ORDRES DE DÉFENSE.

373. Le **plan de défense** est défini à l'article 57 de la première partie pour toutes les unités jusqu'à la compagnie incluse.

Aux fractions d'un effectif inférieur à la compagnie, il est donné des **consignes de défense.**

Le point de départ du plan de défense est l'**ordre de défense,** qui est toujours donné et qui doit être très rapidement rédigé et communiqué.

Le retard apporté à la communication de l'ordre ou des consignes de défense ne dégage en aucun cas la responsabilité du chef qui n'aurait pas pris sans délai les mesures appropriées à la situation et à la mission générale de son unité.

374. L'ordre de défense règle expressément les points suivants :

— Mission de l'unité.

— Indication des parties du terrain où doit être organisée la *résistance.*

— Indications relatives à la zone de *surveillance* et au stationnement des *réserves.*

— Limites latérales de la zone d'action de l'unité.

— Indications indispensables relatives aux liaisons et aux transmissions, notamment : emplacement de poste de commandement de l'unité immédiatement supérieure, liaison avec les unités voisines et l'artillerie.

— Conditions dans lesquelles se fera l'organisation; temps probable dont on pourra disposer; moyens matériels mis à la disposition de l'unité.

375. Dans le cas d'une opération offensive locale à objectif limité, l'ordre de défense peut être donné d'avance; il forme un paragraphe de l'ordre d'attaque.

Dans le cas où l'attitude défensive se prolonge, avec tendance à une stabilisation de quelque durée, l'ordre de défense initial est peu à peu complété par des *instructions* de détail et par des renseignements de toute nature; il devient alors le *plan de défense.*

376. Le plan de défense du régiment, qui sert de base à ceux des unités subordonnées, peut entrer dans le cadre ci-après :

1° Situation du front à défendre; analyse du terrain; renseignements sur l'ennemi; attaques possibles de l'ennemi.

2° Mission de la division, du régiment et des unités voisines. Limites du sous-secteur du régiment.

3° Comment le colonel a résolu de remplir sa mission.

4° Définition des positions : position de sûreté, position principale de résistance, emplacements des réserves, s'il y a lieu.

5° Répartition des missions :

— dispositif de défense du régiment : échelon de sûreté, échelon de résistance, réserves; garnison de sûreté et groupements éventuels à constituer; cloisonnements à organiser;

— mission de chaque bataillon; limites de son *quartier;* moyens mis à sa disposition en plus de ses dotations organiques;

— plan de feux d'infanterie (dispositions ordonnées par le colonel intéressant l'ensemble du front du régiment); barrages de feux d'infanterie;

— fonctionnement de l'observation;

— contre-attaques possibles; répartition ou rassemblement en cas d'alerte des unités n'ayant pas une mission déterminée d'avance.

6° Plans d'emploi de l'artillerie :

— du génie;

— de l'aéronautique.

(Extraits intéressant le régiment.)

7° Mesures spéciales de défense :

— contre les chars de combat;

— contre les avions;

— contre les gaz;

— contre les attaques souterraines.

8° Organisation des travaux : plan des organisations à

réaliser, ordre d'urgence des travaux; répartition entre les unités du régiment et différentes unités de travailleurs; régime du travail; dépôts de matériel.

9° Fonctionnement des liaisons et des transmissions, postes de commandement.

10° Organisation :

— de la circulation;

— des ravitaillements (vivres. munitions, matériel);

— du service de santé et des évacuations (blessés, prisonniers, matériel usé, matériel récupéré).

11° Consignes particulières à observer en cas d'attaque.

12° Organisation des relèves.

13° Eventuellement : mesures à préparer en prévision d'une extension ou d'un resserrement du sous-secteur. (Plan de renforcement.)

377. Le plan de défense n'a pas à répéter les missions générales qui incombent aux unités, selon qu'elles font partie des échelons de sûreté ou de résistance ou qu'elles appartiennent aux réserves : ces missions sont prévues par le présent règlement. La simple indication de la situation des unités définit pour elles la conduite générale à tenir.

Tout en envisageant les actions possibles de l'ennemi et les parades à y opposer, il convient de ne pas obscurcir l'idée maîtresse toujours simple, du plan de défense par trop d'hypothèses problématiques.

RECONNAISSANCE, UTILISATION ET ORGANISATION DU TERRAIN.

378. La préparation de la défense et la répartition des moyens sont basées sur l'étude de la carte et des plans, sur la reconnaissance du terrain et sur les renseignements que l'on possède sur l'ennemi.

379. La reconnaissance du terrain, plus ou moins complète suivant le temps dont on dispose, est l'œuvre personnelle des chefs d'unités; ils l'effectuent en fonction de la mission qui leur est confiée.

La reconnaissance porte sur le terrain que l'adversaire devrait parcourir s'il attaquait et sur celui que doit occuper l'unité.

Elle a pour objet de rechercher :

— les cheminements couverts ou défilés aux vues qui peuvent amener l'assaillant à proximité de la position;

— les obstacles qui gênent ses mouvements, les points par lesquels il est forcé de passer;

— les parties du terrain à occuper pour battre efficacement par des feux les itinéraires possibles de l'attaque;

— les facilités qu'offre le terrain pour les contre-attaques et pour le passage à l'offensive.

380. Les procédés d'organisation du terrain sont traités en détail dans une Instruction spéciale.

L'apparence de l'organisation doit être la même dans toute la profondeur du terrain de combat, qu'il soit occupé ou non.

381. Dans toute installation défensive, l'ordre d'urgence est le suivant :

1° Faire occuper les emplacements de tir et arrêter le *plan de feux;*

2° Assurer la surveillance et l'observation;

3° Organiser les liaisons et les transmissions;

4° S'abriter;

5° Se renforcer par des défenses accessoires.

382. La position principale de résistance doit être assez loin de la position adverse pour se trouver toujours hors de la zone d'action des engins de tranchées les plus puissants et, dans la mesure du possible, de la masse principale de l'artillerie adverse.

Elle doit en être assez rapprochée pour servir de couverture à l'artillerie légère d'appui direct, en temps normal et en cas d'attaque. Comme conséquence de l'accroissement de portée de l'artillerie, la distance entre l'ennemi et la position principale de résistance peut atteindre 8 kilomètres.

Dans les limites ainsi déterminées, on recherche les parties du terrain dont la conformation est la plus favorable aux combinaisons de la défense. Ce choix conduit parfois à sacrifier d'avance une partie du terrain que l'on possède.

383. Sur la position de résistance choisie, les emplacements de tir sont répartis de façon *profonde et continue :*

— profonde, afin que l'ennemi qui aurait réussi à détruire

ou à neutraliser les premiers éléments tombe constamment, au cours de son avance, sous le feu de nouveaux barrages;

— continue, afin qu'il n'y ait pas d'infiltrations possibles, même si quelques éléments n'étaient plus en état de tirer.

Un dispositif défensif doit s'adapter étroitement au terrain. En aucun cas, il ne saurait être question d'alignement.

La disposition des groupes en *quinconce irrégulier*, déjà préconisée dans l'offensive (N° 82) se prête non moins heureusement à la défensive, pour les mêmes raisons. Il s'ensuit qu'une troupe qui mène un combat offensif se trouve avoir automatiquement, au cours de ses arrêts, un dispositif favorable à la conservation du terrain.

Dans la défensive, le quinconce formé par les groupes de combat et de mitrailleuses peut être beaucoup plus profond que dans l'offensive. D'autre part, des groupes postés à loisir, ayant une parfaite connaissance de leurs emplacements respectifs, peuvent tirer de plus loin à travers des intervalles étroits. La seule précaution à prendre consiste à protéger les groupes les plus avancés contre les risques d'accidents par des parados **suffisants.**

384. Le **plan de feux** doit :

— *assurer en avant du front un barrage de feux d'infanterie plein et à déclenchement instantané;*

— se prêter à des *barrages successifs*, prévus à l'avance, en cas de progression de l'ennemi à l'intérieur de la position;

— réaliser le *flanquement réciproque* des organes de résistance;

— permettre des *concentrations de feux* rapides en cas d'attaques locales sur les points les plus sensibles.

385. Le plan de feux doit être complété par un *dispositif de surveillance et d'observation* échelonné de même, en profondeur, dans toute l'étendue du terrain occupé.

Les vues sont assurées par le réseau complet des observatoires et des postes de guetteurs.

Les **observatoires** appartiennent au commandement ou à l'artillerie; ils sont placés de préférence à l'intérieur et en arrière de la position de résistance.

Les **postes de guetteurs** complètent le réseau des observatoires et le prolongent jusqu'aux avancées de la position de sûreté. Ils sont constitués par un ou deux guetteurs, exerçant une surveillance vigilante et permanente au profit d'un groupe ou d'une fraction plus nombreuse; ils sont établis partout où il est nécessaire de permettre le repos ou le travail des hommes, tout en se garantissant la certitude de pouvoir en temps utile les alerter et les appeler à leur poste de combat.

Ces postes de guetteurs sont combinés de façon qu'aucune partie du terrain visible de nos positions n'échappe à la surveillance.

386. Les **postes d'écoute,** qui peuvent se confondre avec les petits postes ou être situés en avant d'eux, sont placés le plus près possible de l'ennemi; ils suppléent à l'observation pendant la nuit ou en temps de brouillard. Ils sont composés de quelques hommes commandés par un gradé, une équipe au maximum.

387. Les **liaisons de commandement** et de **renseignements** doivent être réalisées, comme dans tout combat, en profondeur et en largeur (n° 19).

En outre, des liaisons directes doivent être établies entre les organes de surveillance et les organes de feu, de telle sorte que ceux-ci puissent agir instantanément sur les points voulus, par des tirs repérés, alors même que les tireurs n'auraient que des vues médiocres ou seraient momentanément aveuglés par la fumée ou les gaz. Cette liaison particulière se fait par signaux convenus, communications électriques, etc.; elle est le complément nécessaire du plan de feux.

388. Les **communications** enterrées (boyaux et parallèles) sont creusées après les épaulements des armes automatiques. Elles ne doivent pas passer systématiquement par ces points. S'il en était ainsi, les tirs d'artillerie dirigés sur les communications visibles risqueraient d'écraser en même temps les emplacements de tir. La disposition la plus recommandée consiste à placer les principaux organes de feu à une certaine distance du réseau des communications; on y accède alors par des cheminements défilés aux vues ou par des boyaux entièrement dissimulés.

389. Les **abris** à construire en premier lieu sont les abris légers destinés à protéger les mitrailleuses contre les projectiles de petit calibre et les éclats. Les mitrailleuses constituent la base fixe du réseau des feux d'infanterie; il y a lieu, dans un combat défensif, de leur aménager, si possible, des emplacements blindés, où tout soit prévu pour leur ravitaillement ainsi que pour assurer la précision et la stabilité de leur pointage.

Les F.-M. et les fusils constituent une partie plus mobile du dispositif; ils sont établis en position de tir dans des éléments de tranchées ou des épaulements de forme variable, parfois couverts.

Lorsque la durée du stationnement le permet, des abris de repos pour le personnel sont construits à proximité immédiate des emplacements de combat.

390. Les **obstacles** renforcent considérablement la valeur du feu. Leur emplacement est lié au plan de feux; *ils doivent avant tout, être battus.* Ce n'est pas tant l'obstacle lui-même qui empêche l'ennemi de passer que l'arme à feu qui abat ceux qui sont en train de le franchir.

RÉPARTITION DES FORCES ET DES MOYENS.

391. Au cours d'un combat offensif, un objectif qui vient d'être conquis ne doit plus être perdu : cet objectif qui fournit la *base de départ* pour la continuation de l'attaque constitue donc une position de résistance au regard des contre-attaques immédiates de l'ennemi et doit être défendu en conséquence.

Il en est de même dans les secteurs où le front résulte d'actions défensives à peine terminées et où il ne peut être admis de céder encore du terrain.

Hors ces cas particuliers, l'*organisation de la défense doit comporter une grande élasticité en profondeur* et non pas une rigidité assignant partout comme but unique au défenseur de ne pas perdre la moindre parcelle de terrain. Mais cette élasticité reste limitée par la condition qu'**il ne saurait être question de céder aucun point de la position choisie comme position de résistance.**

De là résulte le fonctionnement des trois principaux échelons de la défense :

— avant-postes ou échelon de sûreté;

— échelon de résistance;

— réserves.

AVANT-POSTES.

392. Les avant-postes ont, en tout temps, une mission de sûreté (n° 15) au bénéfice des échelons suivants.

En cas d'attaque, leur mission est :

— d'alerter l'échelon de résistance en temps voulu pour qu'il soit prêt à recevoir le choc;

— d'arrêter les attaques partielles;

— de ralentir et parfois dissocier les grosses attaques.

Dans l'attente d'une attaque importante, cette mission générale doit se traduire par des ordres fermes donnés par écrit à chacun des éléments des avant-postes. Selon le rôle que le commandement a résolu de faire jouer à l'ensemble des avant-postes, il est dévolu à chaque élément un rôle *unique*, qui peut être :

— de *se replier devant l'attaque* en signalant son avance et en disputant le terrain;

— de *résister sur place pendant un temps limité* ou jusqu'à la nuit;

— de ralentir et parfois de dissocier les grosses attaques.

393. L'effectif des avant-postes varie généralement du sixième au tiers du total des forces d'infanterie établies sur la position de sûreté et la position principale de résistance. Il est, avant tout, strictement calculé en vue du rôle assigné aux avant-postes.

394. Dans le cas le plus général, les **avant-postes** comprennent un **échelon de surveillance** et **un échelon de combat.**

395. L'*échelon de surveillance comprend* des **postes de surveillance** appelés aussi **petits postes,** chargés de conserver le contact et d'assurer la surveillance immédiate de l'ennemi. Le nombre, l'importance et l'espacement de ces postes sont déterminés, suivant la facilité de réaliser des vues croisées, embrassant toute l'étendue du terrain à observer. Ces postes ont généralement pour consigne de ne pas se laisser encercler et de se replier sur l'échelon suivant après avoir rempli leur rôle.

396. L'*échelon de combat des avant-postes* comprend les unités qui fournissent les petits postes, les recueillent et, s'il y a lieu, résistent sur place. Il est disposé dans des points d'appui groupés en largeur et en profondeur.

Selon la conduite qu'ils doivent tenir, ces éléments ont des effectifs plus ou moins considérables.

S'ils ont à opposer à l'ennemi une résistance limitée, à le retarder partout et à se replier à temps pour rentrer dans la position de résistance, il est préférable qu'ils occupent un assez grand nombre de points : ce sont alors des groupes ou des sections de fusiliers-voltigeurs, renforcés ou non par des mitrailleuses ou des groupes de mitrailleuses isolés, protégés par l'ensemble du dispositif.

Si, au contraire, leur mission est de tenir jusqu'au bout après le repli des postes de surveillance, les points d'appui sont occupés par des fractions plus fortes, solidement retranchées. La distance qui les sépare peut alors être assez considérable pour qu'il ne soit pas toujours possible de réaliser une ligne de feux entièrement continue.

Dans tous les cas, l'ensemble des postes de surveillance et des points d'appui de l'échelon de combat doit assurer sur la position des avant-postes une continuité suffisante pour que l'ennemi ne puisse franchir cette zone de part en part sans se heurter nécessairement à une résistance.

397. L'échelon de combat des avant-postes peut quelquefois être réduit ou même supprimé; c'est le cas si l'on ne demande aux avant-postes que de prévenir de l'avance de l'ennemi et de la jalonner par des signaux. Les postes de surveillance sont alors poussés plus loin en avant de la position de résistance. Leur repli se fait par des couloirs fixés d'avance.

Inversement, l'échelon de combat peut être renforcé, en permanence ou temporairement. C'est le cas en période de stabilisation et dans toute situation où il est impossible de consentir à l'abandon définitif de certains points importants occupés par les avant-postes. La proportion de l'effectif à placer aux avant-postes est alors plus forte et peut atteindre le tiers de l'infanterie. De plus, les consignes données aux avant-postes leur assignent une véritable mission de résistance.

398. Le rôle de **réserve des avant-postes** est rempli par les réserves propres des compagnies ou du bataillon occupant les avant-postes. Dans les mêmes cas que pour l'échelon de combat, la réserve d'avant-postes peut être réduite ou ne pas avoir été constituée.

Elle est utile dans un système d'avant-postes succédant à une prise de contact très récente, dans un dispositif pris en vue d'une stabilisation prolongée (n° 440) et en général, dans toutes les circonstances où le combat doit être accepté sur la position de sûreté.

399. Aux avant-postes, la jonction des unités entre elles est établie par les vues et par les feux croisés et, en outre, par des postes communs aux unités voisines, établis sur toute la profondeur du dispositif de surveillance. Ces postes sont munis de moyens de transmission en rapport avec leur effectif et l'importance de leur mission.

De nuit et par le brouillard, la jonction est complétée par un service de patrouilles.

ÉCHELON DE RÉSISTANCE.

400. L'échelon de résistance a toujours pour mission de résister sur place à outrance et sans esprit de retraite.

Il convient d'y affecter sans parcimonie les forces et les moyens nécessaires pour constituer sur la position choisie comme position principale de résistance (1) un **système complet et profond de feux puissants,** caractérisé par une continuité rigoureuse en largeur et par une succession de barrages efficaces en profondeur.

Suivant les vues et les champs de tir offerts par le terrain à battre, une même surface a besoin de recevoir un nombre plus ou moins grand de groupes de combat et de groupes de mitrailleuses. La situation de l'ennemi, la nature et la configuration du terrain déterminent l'effectif des troupes de la défense et le front à assigner à chaque unité (régiment, bataillon, compagnie).

La répartition faite, les groupes sont disposés de telle sorte que ceux d'un même échelon croisent leurs feux les uns devant les autres et que chaque échelon puisse fournir, en outre, des feux dans les intervalles de l'échelon précédent.

401. Cette dernière condition peut rarement être remplie par tous les groupes sans exception; mais on peut toujours placer certains groupes de manière qu'en associant leur action, on réalise des feux croisés se recoupant sur une bande de terrain de direction générale perpendiculaire au front et traversant toute la position. On obtient alors un *cloisonnement* qui empêche l'ennemi de développer latéralement un succès local. Les cloisons obliques — appelées parfois *bretelles* — permettent de raccorder deux parties du front de défense, dont l'une s'est trouvée entamée et reportée en arrière.

402. Des prévisions doivent être faites concernant le renforcement éventuel de l'échelon de résistance par certai-

(1) La distance entre cette position et la position de sûreté a été indiquée au n° 382.

des unités en réserve (points d'appui à occuper, mission, itinéraires, etc.).

403. La jonction entre unités voisines s'opère dans toute la profondeur de la position principale de résistance, à la fois par les vues, par l'emploi de tous les moyens de communication en usage et par les feux. Tous les procédés d'observation et d'emploi des feux doivent être mis en œuvre pour assurer d'une manière absolue la surveillance et la maîtrise des intervalles.

Entre deux sous-secteurs ou quartiers voisins, la soudure est aisée quand elle se fait sur un terrain de surveillance facile, que chacune des deux unités peut voir et battre directement de ses feux. Si ces commodités n'existent pas, il est bon d'assurer le contact intime par l'occupation commune d'un ou deux postes sur la limite des deux zones d'action.

RÉSERVES.

404. De façon générale, les **réserves** sont destinées :

— à exécuter des contre-attaques pour reprendre du terrain perdu ou pour nettoyer la position d'éléments ennemis ayant réussi à s'y infiltrer.

— à renforcer l'échelon immédiatement en avant d'elles en cas de destructions de personnel ou de matériel compromettant en certaines parties la solidité de cet échelon;

— à relever des unités fatiguées;

— à défendre éventuellement le terrain sur lequel elles sont en position d'attente.

405. Les réserves peuvent être :

— des réserves d'avant-postes (n° 398);

— des réserves de l'échelon de résistance, établies sur la position elle-même ou plus en arrière (n° 402).

406. Les emplacements des réserves sont choisis de telle sorte qu'elles aient leur liberté d'action et qu'elles puissent intervenir rapidement.

L'effectif des réserves n'est jamais trop considérable, puisqu'il s'agit, avec elles, de parer à l'imprévu. Il est toutefois recommandé d'assurer, avant tout, la solidité de l'échelon de résistance dès qu'il y a menace d'attaque, plutôt que de se ménager de fortes réserves au détriment de la densité du feu.

407. Les réserves propres des unités occupant les deux premières positions n'attendent d'ailleurs pas passivement dans des abris les missions qui pourront leur être données; elles sont réparties sur le terrain, par groupes ou sections, comme les fractions postées devant elles et prolongent ainsi vers l'arrière la disposition en quinconce adoptée pour celles-ci.

Si l'attaque submerge la position dont elles font partie, les fractions en réserve se trouvent installées d'avance aux emplacements et dans la formation qui conviennent le mieux pour résister à leur tour par le feu.

Si l'attaque a pu être arrêtée avant d'être parvenue jusqu'à elles, elles n'en sont pas moins disponibles pour l'un quelconque des emplois prévus plus haut.

408. Les réserves ne procèdent aux relèves que sur l'ordre du chef qui les a constituées.

Au contraire, elles exécutent les renforcements et les contre-attaques, soit par ordre de ce chef, soit sur l'initiative du chef commandant les unités en réserve. Dans ce dernier cas, le chef de l'unité supérieure est immédiatement prévenu de la décision prise.

Les contre-attaques immédiates n'exigent pas de gros effectifs; la troupe à y employer correspond en général à celle qui occupait en temps normal le terrain à reprendre.

ORGANISATION DU COMMANDEMENT.

409. L'organisation du commandement est liée à la répartition des forces. Elle doit être réalisée non seulement dans des tranches parallèles au front (avant-postes, échelon de résistance, réserves), mais dans des tranches perpendiculaires (secteurs, sous-secteurs, etc.).

Il y a toujours intérêt à accoler les régiments et les bataillons en leur donnant un front étroit et une grande profondeur.

Chacune de ces unités se garde ainsi elle-même et a, comme réserves, des fractions lui appartenant organiquement.

Autant que possible, on confie à une même unité constituée la défense d'un point d'appui, d'un centre de résistance ou d'un réduit (n° 360).

L'organisation des liaisons et des transmissions présente la même importance que dans l'offensive : elle est plus facile et se réalise d'après les mêmes principes. Le choix et l'aménagement de bons observatoires doivent retenir particulièrement l'attention.

Comme dans tout combat, la place des chefs est celle d'où ils peuvent le mieux *être renseignés et pourvoir aux besoins de leur unité.*

PRÉPARATION DU TIR. — PLANS DE FEUX.

410. La force de la défense réside dans l'énergie des défenseurs et dans le bon fonctionnement des plans de feux de l'infanterie et de l'artillerie.

Etablir un plan de feux est le premier soin de tout chef d'infanterie dès son arrivée sur le terrain qu'il doit défendre.

Ce plan concerne surtout l'emploi des armes automatiques. D'abord improvisé et très sommaire, il est, par la suite, remanié et perfectionné de façon à remplir les conditions déjà indiquées au n° 384.

Au moment du besoin, il importe surtout de l'appliquer aveuglément, tel qu'il est, et de se garder de toute improvisation qui détournerait une arme automatique de son rôle prévu dans l'ensemble.

411. Les **tirs repérés** (directs ou indirects) sont les seuls efficaces la nuit et également dans la fumée et la poussière épaisses qui sont habituelles sur le champ de bataille. La possibilité de préparer les éléments du tir et d'obtenir des résultats notables sans voir les objectifs constitue un des avantages de la défense sur l'attaque.

412. La consigne relative au tir d'une arme déterminée comporte généralement une **mission principale** et des **missions secondaires** éventuelles.

Le plan de feux, qui doit être appliqué automatiquement en cas d'attaque générale brusquée, est constitué par l'ensemble des missions principales.

Il est le même pour le jour et pour la nuit.

413. Un organe défensif est souvent placé de façon à donner à la fois des feux de front et des feux de flanquement au profit d'un organe voisin. Dans la fixation des missions principales, il faut tenir compte de ce que le combattant a toujours tendance à porter son attention sur le terrain situé en face de lui et à négliger sa mission de flanquement s'il vient à être menacé de front, à courte distance. *Un plan de feux basé uniquement sur le flanquement réciproque des groupes risquerait de présenter des lacunes au cours du combat.*

Il convient par suite :

— de donner les missions importantes de flanquement à des mitrailleuses bien protégées vers l'avant, soit par le terrain, soit par la présence de groupes de combat voisins (n° 260);

— de donner le plus souvent possible à un F.-M. une mission principale à remplir droit devant lui;

— dans le cas où la mission principale de celui-ci consiste en un tir de flanquement, de le protéger complètement en postant l'équipe de voltigeurs entre l'ennemi et lui.

414. Le plan des feux d'infanterie doit assurer le déclenchement, au moment voulu, de *tirs d'arrêt* opposant à la progression de l'ennemi des barrages successifs. Il doit donc être concerté avec celui de l'artillerie d'appui direct, qui se propose le même objet.

415. *La mitrailleuse est l'arme la plus efficace du combat défensif.*

Ses barrages sont infranchissables.

Ils peuvent être déclenchés et arrêtés instantanément, sur des signaux très simples. La proximité relative de la mitrailleuse et de l'organe au profit duquel elle tire rend facile l'entente à réaliser entre eux et permet d'éviter les méprises et les accidents.

Sur une position organisée, où le front est stabilisé depuis quelque temps, il est aisé de prévoir des barrages intérieurs et de les faire fonctionner, s'ils deviennent utiles, sans risque d'accidents pour les échelons amis qui continuent à lutter en avant.

416. *Les tirs d'arrêt de l'artillerie* ne sauraient être continus partout, ni répétés souvent sans entraîner une consommation de munitions dépassant les possibilités du ravitaillement.

Ils ne sont pas infranchissables.

Ils ne se déclenchent pas aussi instantanément que les barrages de mitrailleuses.

Même très bien réglés, ils ne peuvent serrer d'aussi près l'échelon qu'ils protègent.

L'artillerie apporte cependant aux troupes de la défense une protection puissante et un réconfort moral considérable. Son action est indispensable pour interdire certaines parties du terrain qui échappent aux mitrailleuses. C'est là surtout que ses tirs d'arrêt doivent être prévus.

Lorsque la position a une grande profondeur, les formes du terrain permettent parfois de laisser inoccupées, à l'intérieur de la position, de larges bandes de terrain, que l'on peut alors interdire systématiquement par des tirs d'artillerie, à tout moment du combat. Ces tirs exigent des précautions particulières et entraînent quelques risques, mais ils s'imposent comme tirs d'arrêt supplémentaires dans certains cas critiques.

Sur ces bandes de terrain, on peut souvent superposer aux tirs d'artillerie un barrage de mitrailleuses.

417. *Une infanterie instruite et abondamment pourvue de munitions peut demander à ses propres feux la destruction des premiers échelons de l'attaque, l'artillerie s'employant surtout contre les réserves et contre les troupes venant de l'arrière.*

418. Lorsque la durée de l'occupation d'une position doit se prolonger, c'est au colonel qu'il appartient de coordonner l'emploi des feux, d'abord fixé dans chaque unité par son chef.

Les mitrailleuses forment l'ossature du système de feux. Leur portée excédant notablement la largeur habituelle du front d'un bataillon, on est fréquemment amené à leur faire battre des bandes de terrain situées devant un bataillon voisin, afin d'utiliser toute leur portée. Dans ce cas, les commandants des bataillons accolés reçoivent du colonel les missions à donner à certaines de leurs mitrailleuses.

Le colonel assure ainsi l'existence d'un réseau fixe de feux très nourris, intéressant la position de sûreté et la position de résistance. Il fait employer aux avant-postes les mitrailleuses nécessaires, *n'hésitant jamais à risquer des pièces à l'échelon de feu le plus avancé, si elles doivent y nuire à l'ennemi plus qu'ailleurs.*

Cette base de feux est complétée en plaçant des fractions avec leur F.-M. dans tous les intervalles non encore garnis de feux et en réalisant tous les flanquements susceptibles d'étayer le système déjà arrêté dans ses lignes essentielles.

Les F.-M. tirent le plus souvent à vue. Ils peuvent cependant, dans une certaine mesure, faire du tir repéré. Dans les secteurs stabilisés à front étendu, certains d'entre eux, montés sur des affûts de fortune, peuvent jouer le même rôle que des mitrailleuses.

419. Le colonel règle les conventions de signaux qui permettent aux postes de surveillance, aux postes de guetteurs et aux observatoires de déclencher une rafale de balles sur une partie déterminée ou sur la totalité du front. Cette rafale dure un temps fixé ou comprend un certain nombre de cartouches. Elle cesse ou est renouvelée sur le vu d'autres signaux. Il est convenu, en général, qu'une vive fusillade ou le lancement précipité de quelques grenades appellent une première rafale de mitrailleuses et de F.-M. devant les points intéressés. Il en est de même du signal demandant un tir d'arrêt d'artillerie.

Lorsque des mitrailleuses ou des F.-M. ont une mission dans le barrage général, cette mission, donnée d'après les ordres du commandant du sous-secteur, prime toutes les autres.

Les engins d'infanterie autres que les F.-M. et la mitrailleuse ont leur emploi dans le combat d'après leurs propriétés propres.

420. L'action du commandant de l'infanterie divisionnaire sur l'organisation des feux consiste à vérifier que la soudure est faite à tous les échelons sur les limites d'action des sous-secteurs et à organiser éventuellement des groupements de mitrailleuses au profit de l'ensemble du secteur. Ces mitrailleuses sont celles du ou des bataillons réservés.

421. Le plan des feux d'infanterie est complété par toutes les mesures utiles pour amener, lotir et abriter les munitions nécessaires.

CHAPITRE IV.

EXÉCUTION DU COMBAT DÉFENSIF.

ACTIONS PRÉVENTIVES.

422. Lorsque des indices ou des renseignements positifs donnent à penser que l'ennemi a l'intention d'attaquer à brève échéance, des actions préventives sont entreprises :

— dans le but de confirmer et de compléter les renseignements que l'on possède;

— dans le but de contrarier les préparatifs de l'ennemi et de bouleverser ses travaux;

— enfin, au moment où l'on suppose que l'ennemi est massé sur sa base de départ ou que ses colonnes sont en mouvement, en vue de mettre hors de combat le maximum de personnel.

Les renseignements complémentaires se recueillent par des coups de main ayant pour objet la capture de prisonniers.

Les autres actions préventives consistent généralement en une *contre-préparation*, qui est surtout l'œuvre de l'artillerie, l'infanterie y participe cependant dans une mesure importante par le tir de ses engins d'accompagnement et par des tirs de harcèlement de mitrailleuses.

Lorsque la contre-préparation surprend l'ennemi au milieu de ses manœuvres préparatoires, elle peut lui infliger des pertes de nature à le faire renoncer à l'attaque projetée ou tout au moins à la dissocier d'avance.

ALERTE.

423. L'attaque peut toutefois être déclenchée d'une façon soudaine et violente, sans qu'aucun indice ait fait pressentir le moment où elle se produira.

424. Dans cette éventualité, les *avant-postes* ne pourront remplir leur rôle que si chaque combattant est à proximité immédiate de son poste de combat et en état de se servir instantanément de son arme. Les points où l'ennemi supposera que les résistances sont organisées seront soumis à des bombardements qui atteindront de suite une grande violence; il est prudent de prévoir que les fractions aux avant-postes ayant pour mission de résister ne pourront effectuer aucun mouvement important et seront obligées de se battre sur les points mêmes où elles se trouveront au moment des premières manifestations de l'attaque.

Afin qu'elles soient constamment en état de le faire, une surveillance permanente est assurée dans chaque poste par des guetteurs; le chef et les autres hommes se reposent dans un très faible rayon autour d'eux. Un gradé par section, un chef de section par compagnie sont *de quart*. Des patrouilles sont envoyées la nuit, si quelque indice suspect est observé.

On évite d'employer sur la position de sûreté des types d'abris enterrés d'où le personnel ne peut sortir instantanément.

La *réserve d'avant-postes*, si elle a été constituée (n° 398) est tenue constamment prête à remplir l'un ou l'autre des emplois prévus au n° 404.

425. *Sur la position de résistance*, les occupants ont plus de latitude pour se préparer à recevoir l'attaque, grâce à la vigilance des avant-postes, au temps gagné par leur résistance et à la distance du front.

Un service de guetteurs fonctionne auprès de chaque poste de commandement et de chaque abri important. A côté de chaque arme automatique ayant une mission fixée d'avance, demeure en permanence le nombre de servants strictement nécessaire pour ouvrir le feu. Le reste du personnel peut se reposer dans les abris enterrés, situés à petite distance des emplacements de combat.

Le service de quart est fait dans chaque compagnie ou dans chaque point d'appui, selon les ordres donnés. Par des alertes de jour et de nuit, le commandement s'assure que le passage du dispositif d'attente au dispositif de combat se fait dans un délai suffisamment court.

426. Des mesures analogues sont prises à l'égard des *réserves de la position principale de résistance;* elles restent groupées par unités constituées et occupent des abris enterrés, s'il en existe.

COMBAT SUR LA POSITION DE SURETÉ.

427. Le combat sur la position de sûreté résulte des ordres très nets qui ont été donnés à chacun des éléments de l'échelon de surveillance et de l'échelon de combat des avant-postes (n° 322).

La coopération de l'artillerie à ce combat est également réglée dans le détail. Il peut être prévu des tirs d'arrêt très denses devant les avant-postes, même si le repli de ceux-ci est décidé.

428. Dans l'attente d'une attaque générale, les éléments de *l'échelon de surveillance* ont généralement comme consigne de se replier sur l'échelon de combat après avoir parfois disputé le passage à l'ennemi et avoir prévenu de son approche. Leurs itinéraires sont prévus de façon à ne pas gêner le tir des éléments en arrière.

429. *L'échelon de combat* défend les points d'appui qu'il a reçu mission de tenir. L'obstacle formé par ces îlots de résistance brise en partie les colonnes d'assaut et dissocie les actions combinées de l'infanterie et de l'artillerie adverses.

La consigne de l'échelon de combat peut encore être de se replier sur la position principale de résistance. Les mouvements se font alors dans le plus grand ordre, avec la préoccupation constante de fournir aux gros le *temps* et les *renseignements* qui leur sont nécessaires pour assurer la résistance sur leur position. Les cheminements à utiliser, les points d'appui à occuper après le repli, la nouvelle mission à y remplir sont fixés d'avance en détail.

430. La conduite à tenir par chaque échelon des avant-postes doit être arrêtée par le commandement supérieur pour l'ensemble d'un front étendu. Lorsque la conduite à tenir n'est pas identique dans un secteur et dans le secteur voisin, des dispositions spéciales sont à prévoir afin d'éviter le risque de mettre l'un d'eux en mauvaise posture, en découvrant son flanc.

COMBAT PAR LE FEU SUR LA POSITION DE RÉSISTANCE.

431. *Le combat sur la position de résistance est, avant tout, un combat par le feu.*

432. Avant d'aborder la position de résistance, l'ennemi a déjà subi les tirs d'arrêts effectués par l'artillerie en avant de la position de sûreté, puis le combat sur cette position même.

Il est, en outre, pris à partie par les tirs d'arrêt prévus entre les deux positions, lorsque la distance qui les sépare a permis d'en organiser.

En même temps, l'infanterie de la position de résistance met en action son plan de feux.

La prise ou l'enveloppement par l'ennemi des organes de résistance bordant la position détermine le feu des organes suivants et le déclenchement des barrages intérieurs prévus.

Chaque élément résiste sur place avec la dernière énergie.

Lorsque l'ennemi essoufflé et désuni, abandonné par son barrage roulant, se trouve finalement bloqué partout, il cherche à s'enterrer sur la ligne atteinte.

Il devient alors possible de manœuvrer pour l'en rejeter, avant qu'il ait eu le temps de s'y organiser.

CONTRE-ATTAQUES.

433. Les ordres et plans de défense prévoient des **contre-attaques immédiates** à exécuter par des unités désignées d'avance, prêtes à ressaisir les points où l'ennemi aurait pris pied.

Le moment le plus opportun de déclencher de telles actions est celui où l'attaque ennemie, après avoir été brisée, vient de s'arrêter.

L'esprit de décision et le coup d'œil du chef peuvent seuls saisir ce moment : lorsque l'ennemi est encore en pleine progression offensive, il est trop tôt; lorsqu'il est depuis longtemps arrêté, il est trop tard et toute reprise de terrain nécessite alors une opération à organiser dans tous ses détails, comme une attaque.

434. La contre-attaque est lancée soit par le chef qui l'a préparée, soit sur l'initiative du chef qui commande la troupe de contre-attaque (n° 408).

Les contre-attaques immédiates doivent pouvoir déboucher grâce à la préparation dont elles ont dû être l'objet à l'avance, *aussi rapidement que possible, par surprise, sur un ordre ou à un signal convenu, lorsque l'ennemi aura été arrêté par les feux de la défense.*

La rapidité avec laquelle il est désirable qu'elles se déclenchent ne doit pas s'obtenir au détriment de l'ordre.

Elles sont exécutées par les réserves. Elles ont toujours un objectif limité. Elles opèrent par le terrain libre, négligeant les communications enterrées qui peuvent exister, afin d'aller plus vite et d'agir avec plus de force. Les dispositifs et les procédés de combat à employer sont ceux des combats offensifs avec une très forte densité de feux au premier échelon.

Selon leur importance, les contre-attaques sont prévues avec accompagnement d'artillerie et de chars de combat ou bien elles sont simplement menées au moyen des réserves locales.

Dans l'un ou l'autre cas, elles ne réussissent que si elles ne sont pas complètement improvisées; il est tout au moins nécessaire de pouvoir faire connaître exactement aux exécutants, avant le départ, tout ce que l'on attend d'eux.

EMPLOI DES RÉSERVES.

435. Les réserves sont utilisées comme il est dit au n° 404.

Leur emploi en renforcement des parties qui faiblissent est le plus rare : pendant le combat même, elles arriveraient généralement trop tard; en outre, il ne faut pas s'exagérer le danger d'un vide produit dans le dispositif, tant qu'il existe, en arrière et sur les flancs, des organes qui peuvent continuer à tirer. *On se garde de précipiter prématurément des réserves dans des brèches de peu d'importance.*

Si l'ennemi a réussi une large rupture du front, les réserves, déployées et postées sur le terrain en arrière comme l'étaient les unités de l'échelon de résistance (n° 407), résistent sur place pour chercher à l'arrêter.

DISPOSITIONS A PRENDRE PENDANT LES SUSPENSIONS DU COMBAT.

436. Pendant les suspension du combat, le commandement prépare les contre-attaques d'ensemble.

Les commandants d'unités remettent les troupes en ordre *et tout d'abord, réorganisent le réseau de feux.* Ils procèdent ensuite au rétablissement des liaisons et cherchent à se reconstituer des réserves. Des relèves sont faites, s'il y a lieu.

La nouvelle assiette de la défense nécessite un aménagement du terrain, qui est entrepris d'urgence sur l'initiative des capitaines et des chefs de bataillon. Les échelons supérieurs n'interviennent que pour coordonner les mesures prises; avant de prescrire une organisation nouvelle, ils se font rendre compte de ce qui a déjà été fait, de manière à en faire état dans leur décision.

CHAPITRE V.

CAS PARTICULIERS DE SITUATIONS DÉFENSIVES.

1° DÉFENSE CONTRE LES CHARS DE COMBAT.

437. L'infanterie dispose actuellement pour lutter contre les chars ennemis :

— de ses engins d'accompagnement, dont les projectiles, tirés à courte distance, sont susceptibles de causer des avaries sérieuses aux organes les moins résistants des chars : chenilles, blindages inférieurs, etc.;

— de ses armes automatiques, dont le tir à balles perforantes, ajusté et concentré sur les organes d'observation et de pointage des appareils, vise à détériorer ceux-ci et à aveugler les équipages;

— éventuellement, de ses grenades, dans le cas particulier où on peut en faire éclater sous un char.

Le commandement entrave en outre l'action éventuelle des chars ennemis :

— en utilisant les obstacles naturels susceptibles de ralentir ou d'arrêter la marche de ces engins : cours d'eau d'une certaine importance, futaies épaisses, escarpements;

— en englobant dans le dispositif des pièces de canon chargées de tirer à vues directes sur les chars, et en faisant établir, si la situation le permet, des champs de mines dans les zones où une attaque avec chars paraît particulièrement à redouter.

L'infanterie ne doit pas se laisser impressionner par l'apparition des chars ennemis.

Les groupes qui ne sont pas munis de balles perforantes doivent utiliser leurs armes automatiques et leurs fusils contre les fractions d'infanterie qui accompagnent les chars. Ceux-ci sont en effet impuissants à obtenir par eux-mêmes un résultat durable. L'infanterie a rempli sa mission si elle parvient à empêcher l'infanterie ennemie d'exploiter l'avance des chars.

2° LA DÉFENSIVE EN PÉRIODE DE STABILISATION

438. Lorsque l'attitude défensive se prolonge, on cherche à alléger le service et les fatigues des troupes. Il est toujours possible, à la suite d'une étude attentive de la position de sûreté et de la position principale de résistance, d'économiser un certain nombre des organes qui étaient nécessaires au moment de la première occupation du terrain.

439. La détermination de la position de sûreté et de la position principale de résistance incombe au commandement responsable de la conservation du front stabilisé. La préparation du combat à soutenir sur ces positions en cas d'attaque de l'ennemi, se fait conformément aux indications contenues dans les chapitres I et II du présent titre.

Le plan de défense et les dispositions qui en découlent doivent toujours viser à repousser, par les procédés indiqués précédemment, une attaque d'ensemble ayant pour but la percée sur un front étendu.

440. Cependant la conduite à tenir par les avant-postes dans le cas d'une bataille défensive sur un terrain non organisé ne convient pas à la conservation du terrain dans le cas de la stabilisation.

On ne saurait en effet consentir, chaque fois que l'ennemi se montrerait agressif, à lui céder une partie du terrain des avant-postes, sur lequel il s'organiserait rapidement et qu'on ne pourrait réoccuper qu'au prix d'une contre-attaque coûteuse.

Il est par suite nécessaire, lorsque le front tend à se stabiliser, d'envisager des mesures procurant *l'inviolabilité de la position de sûreté contre les attaques partielles et les coups de main de l'ennemi;* l'organisation perfectionnée qu'il est possible de réaliser sur un front momentanément fixé permet d'ailleurs de demander aux avant-postes une résistance beaucoup plus considérable qu'en terrain non organisé.

441. Ces mesures sont :

1° les tirs d'arrêt de l'artillerie prévus devant les avant-postes;

2° l'organisation d'un système de feux d'infanterie réalisant un barrage continu en avant du front, *indépendant de celui que doit procurer l'artillerie.*

Ce barrage d'infanterie est assuré par des mitrailleuses placées en surveillance nuit et jour. Un système de signaux doit permettre de le déclencher instantanément, en totalité ou en partie, sur demande des postes de guetteurs ou des observatoires (n°s 418 et 419).

Si les avant-postes du régiment sont constitués par un bataillon, toutes les mitrailleuses de ce bataillon sont affectées à ce barrage. Des fusils mitrailleurs montés sur affûts de fortune peuvent contribuer à le compléter. Les mitrailleuses en réserve tirent en superposition.

Si les avant-postes sont constitués par des fractions de plusieurs bataillons accolés, le colonel arrête le plan d'ensemble du barrage à établir et fixe le nombre de mitrailleuses à y employer dans chaque bataillon.

Lorsque le fonctionnement d'un tel dispositif est assuré, il est possible de faire échouer toute tentative de surprise ou de coup de main, avec l'aide de l'artillerie, *et même si son concours venait à faire défaut.*

442. En période de stabilisation, la nécessité d'empêcher l'ennemi de faire des incursions faciles sur le terrain des avant-postes conduit à adopter une répartition des forces différente de celle qui convient à l'attente d'une grosse attaque.

Dans ce cas, les avant-postes comprennent souvent le tiers des forces, surtout si la position principale de résistance est à une distance considérable de la position de sûreté (n° 382).

Le minimum du sixième, indiqué au n° 393, correspond à la prévision d'une bataille dans laquelle le repli partiel ou total des avant-postes est envisagé dans les conditions exposées au chapitre III.

Quoi qu'il en soit, le renforcement de la position de sûreté envisagé ci-dessus et son fonctionnement éventuel comme position de résistance avancée résulte d'instructions générales que le haut commandement peut seul établir.

443. L'organisation de la position principale de résistance ne présente rien de particulier dans le cas de la stabilisation. Cette position doit être équipée en tout temps *pour jouer le rôle de résistance à outrance qui lui est assigné dans tous les cas.*

Seuls, les effectifs d'occupation permanente peuvent être diminués, en vue de procurer du repos aux troupes ou de constituer des équipes de travailleurs. Les mitrailleuses et les F. M. sont, au besoin, servis par un personnel réduit. On garantit par des garnisons permanentes de précaution la conservation des principaux points d'appui.

444. Les tirs d'arrêt et les concentrations de feux d'artillerie sont indiqués par le plan d'emploi de l'artillerie.

La distance qui sépare la position principale de résistance de la position de sûreté (n° 382) est telle qu'il existe généralement entre les deux positions une bande de terrain vide de troupes. Des tirs peuvent alors être prévus en avant des deux positions. En pareil cas, le signal « demande de tir de l'artillerie » s'applique toujours aux tirs à effectuer en avant de la position de sûreté. Les seconds sont exécutés dans des conditions fixées par le plan de défense et dépendant de la ligne de conduite assignée aux avant-postes.

445. A tous les échelons, on poursuit l'étude du terrain et des mesures qui seraient à prendre en cas d'extension ou de resserrement du front.

446. Lorsqu'une grosse attaque ennemie est attendue, les renforcements portent sur la position de résistance. Il n'y a pas à augmenter la densité de l'échelon de sûreté, qui doit en tout temps pouvoir jouer le rôle d'avant-postes. Il peut, au contraire, arriver que l'effectif des avant-postes soit réduit, s'il est dans les intentions du commandement de n'y résister qu'en des points déterminés ou de les replier en entier.

447. Dans l'attente d'une attaque locale, il est souvent avantageux d'évacuer complètement une partie du terrain occupé, afin d'éviter les pertes que ferait subir la préparation adverse et de laisser l'attaque tomber dans le vide.

Ce procédé, qui permet de réaliser, au bénéfice de la défense, *l'effet de surprise*, est d'autant plus indiqué qu'on aura conservé des vues sur le terrain évacué et qu'il sera entièrement tenu sous le feu.

Si l'ennemi exécute un coup de main de va-et-vient (n° 329), la réoccupation du terrain ne présente pas de difficultés. Elle doit commencer dès que le feu se calme.

Si l'ennemi tente de se maintenir sur le terrain où il a pris pied, ce que décèle la reprise du contact, le terrain perdu doit être regagné, soit dans les conditions ordinaires de la contre-attaque, soit par un combat à la grenade dans les boyaux et tranchées.

448. Une évacuation analogue est souvent nécessaire pour permettre à l'artillerie de gros calibre de tirer sur les objectifs très rapprochés des lignes amies. Elle comporte l'organisation d'un dispositif de feu spécial lié à une observation attentive, afin d'interdire à l'ennemi toute possibilité d'occuper par surprise la zone de terrain momentanément abandonnée.

Dans ce cas, les mouvements d'évacuation et de réoccupation ont lieu la nuit ou, au besoin, sous le couvert d'un masque artificiel.

449. *L'usure de l'adversaire sur un front stabilisé* s'obtient principalement par le feu. Elle s'opère jour et nuit; son action sur le moral de l'adversaire est considérable si les tirs se déclenchent sans répit dès qu'un objectif paraît momentanément vulnérable.

C'est essentiellement par une liaison complète entre les vues, les écoutes et les feux que l'on obtient ce résultat.

Chaque guetteur s'il n'est lui-même le servant d'une arme automatique, doit, autant que possible, pouvoir actionner le tir immédiat d'une arme en surveillance dès qu'il remarque un objet vulnérable.

Les postes de surveillance et les observatoires communiquent par un dispositif électrique ou par des signaux simples avec les engins chargés du harcèlement dans la zone qu'ils ont à surveiller.

La nuit, la recherche des objectifs à saisir peut être poursuivie par l'emploi des artifices lumineux. Les projecteurs évitent de se dévoiler sans nécessité absolue.

L'usure s'opère également de jour et de nuit par l'emploi des projectiles spéciaux des engins de tranchées et par de brusques rafales de mitrailleuses sur les points de circulation obligés du secteur ennemi.

On met à profit les renseignements fournis par l'aviation, par les prisonniers et par tous autres moyens d'information.

450. *L'organisation des relèves* a une grande importance lorsque l'attitude défensive doit se prolonger. Il est recommandé de faire relever les avant-postes par des unités ayant occupé précédemment la position de résistance et celles-ci par des unités en réserve ou au repos.

451. Les règles à observer pour l'*exécution du service en période de stabilisation*, et en particulier pour les relèves, font l'objet d'une partie de l'annexe VII.

3° COMBAT EN RETRAITE. — RUPTURE DU COMBAT.

452. Dans le cas où le combat ne s'est pas déroulé selon les ordres donnés ou les prévisions faites, les chefs doivent savoir envisager avec fermeté toute situation et n'être pas pris au dépourvu par la nécessité de limiter un échec local.

453. Une troupe qui a commencé à se replier sous la pression de l'ennemi est très rarement capable de se rétablir elle-même sur une position qu'on lui assigne en arrière et d'y offrir une résistance sérieuse. La difficulté de communiquer à tous les exécutants les ordres nécessaires est à elle seule un obstacle à cette opération.

Le meilleur parti à prendre par le commandement est de disposer, à distance suffisante de la zone où le front a fléchi, des troupes n'ayant pas encore combattu, auxquelles on a ménagé le temps voulu pour s'installer et pour organiser leurs feux. Les unités qui se retirent traversent le nouveau front et peuvent dès lors être rassemblées et reconstituées en arrière.

Il n'est pas indiqué d'envoyer des unités fraîches au-devant des unités en retraite dans l'espoir de les regrouper et d'arrêter l'ennemi de concert avec elles. *On n'arrête un ennemi qui poursuit un succès qu'en l'attendant sur une position choisie et en lui opposant une barrière de feux qu'il ne pourra franchir.*

On l'attaque ensuite.

454. La rupture volontaire du combat est une opération qui doit être prévue dans les plus petits détails et qui ne peut être exécutée avec chances de succès que la nuit. Le secret doit être assuré avant et le plus longtemps possible après le départ des derniers éléments.

Les itinéraires sont reconnus et au besoin jalonnés. Les chevaux et voitures prennent la tête ou partent d'avance. On évite le bruit.

Les unités disponibles rompent les premières. Les avant-postes suivent, sur l'ordre du chef, lorsque les queues de colonnes sont hors de l'action immédiate de l'adversaire. S'ils ne sont pas attaqués, ils quittent leur emplacement par petites fractions après avoir donné le change jusqu'au bout par les manifestations habituelles de leur présence (fusées, tir de harcèlement, etc.). Les groupes au contact se dérobent les derniers, lorsque les éléments qu'ils couvrent ont gagné une distance suffisante.

Si l'ennemi attaque, il doit se heurter à des arrière-gardes, constituées généralement par un réseau léger de mitrailleuses ayant des champs de tir très étendus : elles obligent l'ennemi à se déployer et retardent sa marche. Elles doivent tenir sur place pendant le temps jugé nécessaire pour que les colonnes en retraite soient hors d'atteinte: elles se sacrifient au besoin pour gagner ce temps. Leur mission remplie jusqu'au bout, les servants se replient en démasquant les mitrailleuses suivantes.

455. Le commandant indique les destructions à opérer et les mesures à prendre pour l'évacuation ou la mise hors service du matériel.

Dans toute opération de repli, il est interdit aux petites unités comme aux isolés de se porter en arrière sans un ordre écrit ou verbal émanant d'un chef qualifié pour le donner. Les heures indiquées pour les diverses phases du mouvement sont exactement observées. Le départ d'une unité voisine ne doit pas déterminer une unité à hâter son propre départ.

4° DÉFENSE DES BOIS ET DES LOCALITÉS.

456. Parmi les diverses ressources que peut offrir une position, les bois et les localités sont fréquemment utilisés, selon leur importance, comme points d'appui ou comme centres de résistance.

457. L'organisation d'un bois ou d'une localité comprend la mise en état de défense de la lisière extérieure et celle des issues; elle est complétée par la préparation d'une défense intérieure lorsque le bois ou la localité présentent une certaine profondeur; l'organisation intérieure de bâtiments isolés ou de boqueteaux exposés au feu de l'artillerie est généralement peu avantageuse.

458. Pour les localités, la défense de la lisière est faite par des groupes postés à une distance suffisante en avant d'elle afin de n'avoir pas à craindre les tirs de démolition dirigés sur cette lisière.

Le flanquement de la lisière est assuré par des organes placés en dehors et sur les flancs.

La défense intérieure est préparée, en période de stabilisation, en aménageant pour le tir quelques bâtiments solides, se flanquant réciproquement et commandant les passages obligés. Les caves de ces bâtiments sont étayées. Les rues non battues par le feu sont obstruées. Des communications sont percées à travers les maisons.

Il n'est généralement pas nécessaire d'affecter à la défense d'une localité une garnison considérable. C'est surtout en l'empêchant d'être encerclée qu'on la conserve. La défense se poursuit donc activement à l'extérieur, de front et sur les flancs.

Les défenseurs s'efforcent de ne pas laisser l'ennemi prendre pied sur quelque point de la lisière d'où il pourrait ensuite cheminer de proche en proche jusqu'à la lisière opposée. Lorsqu'un de ces points vient à tomber entre ses mains, la réserve de l'unité qui défend la localité est appelée pour l'en déloger. Elle combat surtout à la grenade, appuyée par des engins à tir courbe.

Si ces contre-attaques échouent, l'intérieur de la localité est disputé pied à pied.

459. *Dans les bois*, les dispositions à adopter sont analogues à celles qui conviennent aux localités. La lisière en peut être défendue soit de l'extérieur, soit en la tenant sous le feu d'éléments placés à une certaine distance à l'intérieur du bois.

La défense intérieure consiste dans l'interdiction, par les feux, des principales coupures et clairières que l'ennemi ne peut éviter de traverser dans sa progression. Les larges tranchées forestières étant généralement rectilignes, il suffit de peu de mitrailleuses pour les battre de bout en bout.

En pays accidenté, la défense des bois peut être réalisée par un système de petits ouvrages commandant les intervalles qui les séparent.

460. Si, malgré la résistance des défenseurs, les assaillants parviennent à occuper les localités ou bois organisés, les efforts de tous tendent à les empêcher d'en déboucher. A cet effet, on reporte tous les moyens de feux sur des emplacements préparés d'avance à une certaine distance en dehors des lisières et ayant jusqu'à ces lisières des champs de tir étendus et bien dégagés. Si ces feux se recoupent bien, ils interdisent le débouché et limitent ainsi l'avantage obtenu par l'ennemi.

5° SURETÉ EN STATION.

461. A très grande distance de l'ennemi, sous la protection des troupes de couverture qui sont à une ou plusieurs étapes en avant, les troupes cantonnent dans des villages ou bivouaquent à proximité des routes. Il n'est pas nécessaire d'établir des avant-postes réguliers dans la direction de marche. Cependant, certaines mesures de sécurité sont indispensables.

Telles sont :

— l'établissement de postes aux issues et sur les voies d'accès principales;

— les consignes données pour la surveillance et l'identification des personnes suspectes;

— les ordres réglant d'avance la conduite à tenir en cas d'alerte, notamment l'indication des points de ralliement des compagnies et des emplacements de rassemblements articulés fixés pour les bataillons et régiments.

462. A mesure que l'on approche de l'ennemi, les conditions du stationnement se modifient. A partir du moment où il a été jugé utile de quitter les formations de route, le service de sûreté en station répond aux mêmes besoins que le service de sûreté en marche. On y satisfait de la même façon, en faisant stationner l'échelon de sûreté dans un dispositif en quinconce, analogue à celui qu'il prend pour marcher. On resserre les mailles de ce quinconce d'autant plus que l'on se rapproche de l'ennemi, jusqu'à arriver, au contact, à appliquer les procédés de sûreté indiqués dans les chapitres traitant du combat.

CHARLES-LAVAUZELLE ET Cie. — PARIS, LIMOGES, NANCY.

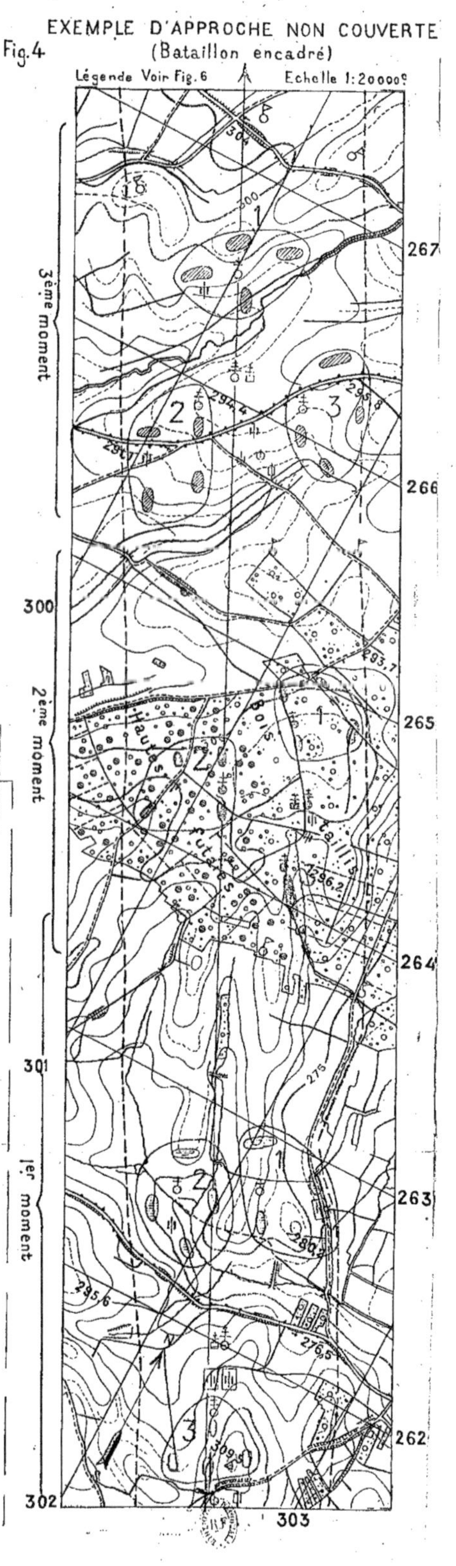
Fig. 4
EXEMPLE D'APPROCHE NON COUVERTE
(Bataillon encadré)
Légende Voir Fig. 6
Echelle 1:20000e
3ème moment
2ème moment
1er moment
Hautes Futaies
Bois taillis
304
300
294,4
295,8
293,7
296,2
275
280,2
295,6
276,5
267
266
265
264
263
262
300
301
302
303

Fig

EXEMPLE D'APPROCHE NON COUVERTE
(Bataillon encadré)

Fig. 6.

Légende Voir Fig. 5   Echelle 1:20000e

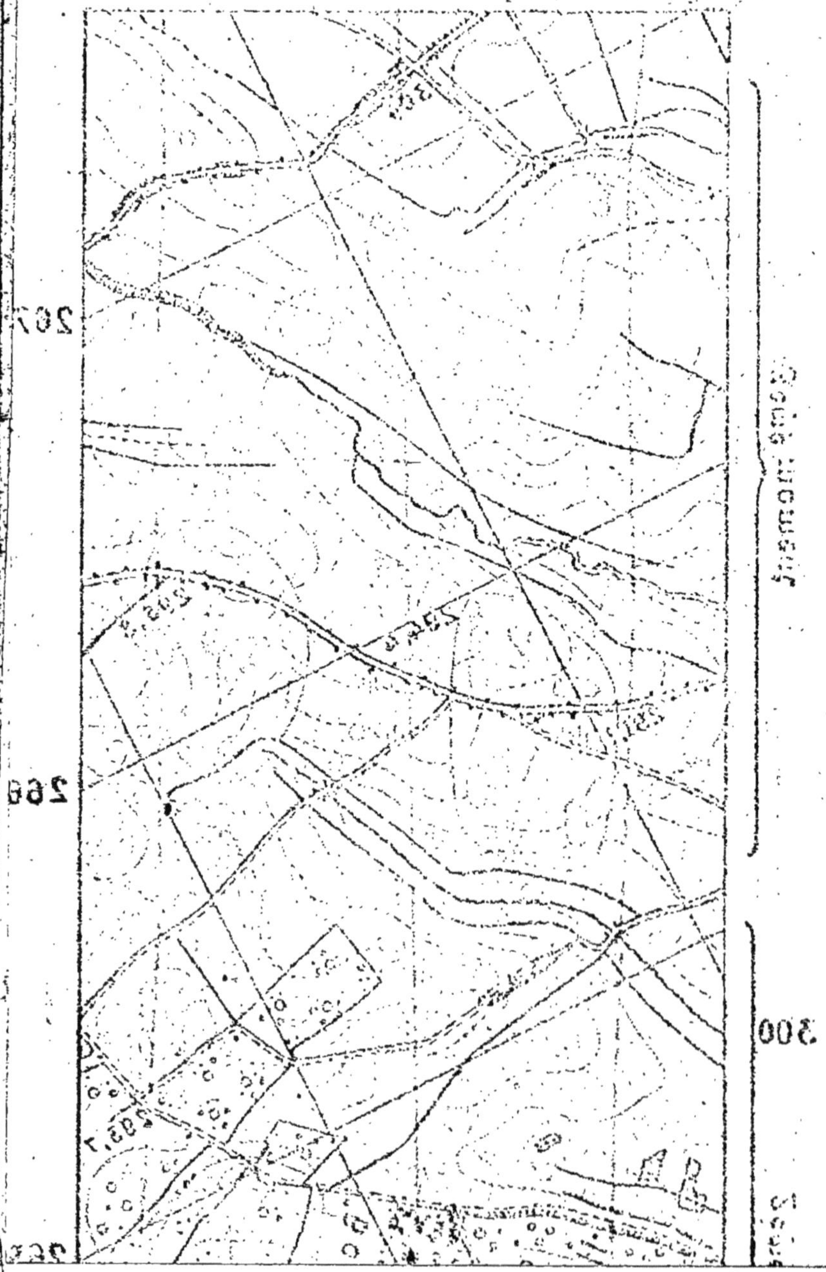

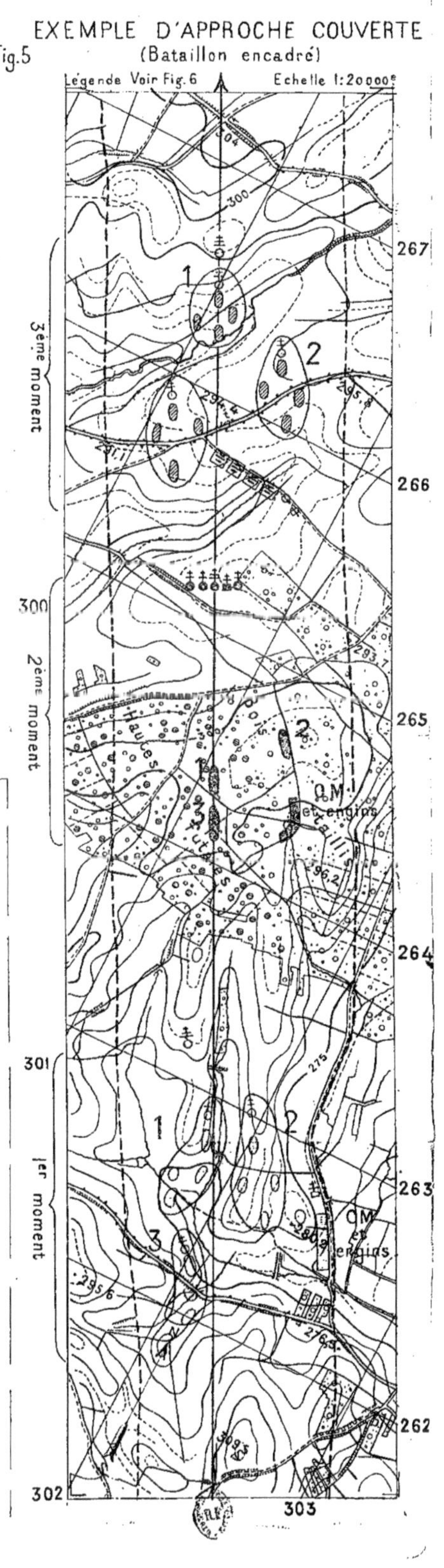
EXEMPLE D'APPROCHE COUVERTE
Fig.5
(Bataillon encadré)
Légende Voir Fig. 6
Echelle 1:20000e
3ème moment
2ème moment
1er moment
267
266
265
264
263
262
300
301
302
303
304
295,8
293,7
296,2
295,6
276,5
Hautes
O.M. et engins
O.M. et engins

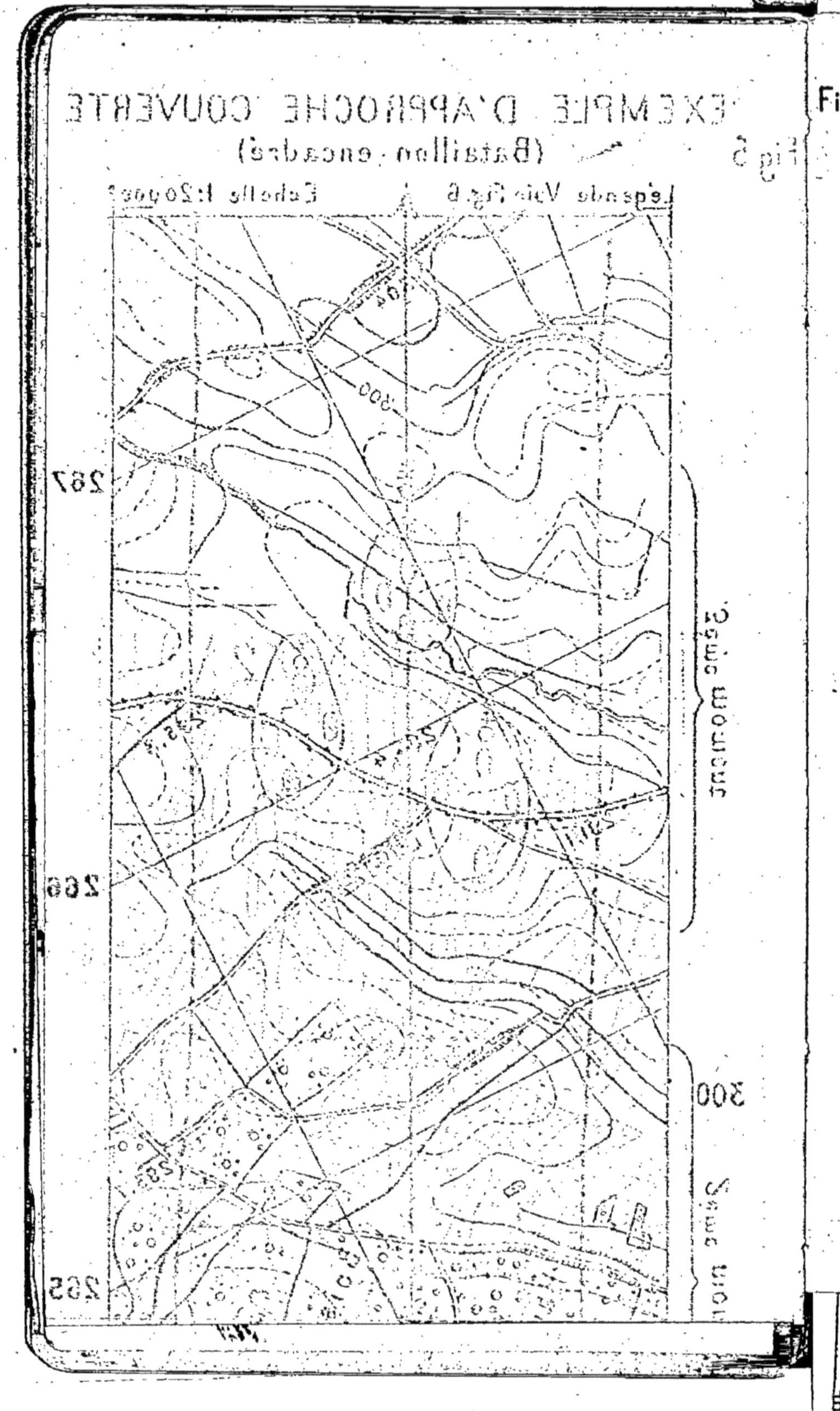
EXEMPLE D'APPROCHE COUVERTE
(Bataillon encadré)
Fig 5
Echelle 1:20000
Légende Voir fig. 6
267
266
265
300

Fig. 6. EXEMPLE DE FORMATION DE COMBAT DE BATAILLON ENCADRÉ

Moment représenté par le croquis :

Le bataillon marchant de Froideterre sur Douaumont débouche de la crête de Fleury, appuyé par les tirs de 3 sections de mitrailleuses, d'un canon de 37 et d'un stokes.

Le chef de bataillon utilise la position favorable constituée par la crête de Fleury pour constituer sa base de feux.

SM.1 *peut tirer sur la crête de Douaumont devant la 2e compagnie*
Objectif du moment : la face ab *du fort.*

SM.2 *peut tirer à vue directe sur tout objectif visible au S. de la crête.*
Objectifs du moment : C (1er groupe) et D (1er groupe)

SM.3 *peut tirer à vue directe sur le glacis à l'E. et au N.E. du fort.*
Objectif du moment : E

SM.4 *disponible ; progresse par le haut du terrain d'où elle pourra plus facilement intervenir.*

Canon de 37 : peut tirer dans toute la zone visible de la crête de Fleury.
Objectif du moment : B

Mortier Stokes : peut tirer dans toute la zone d'action du bataillon.
Objectif du moment : A

Légende des figures 4, 5 et 6.

- Chef de bataillon.
- Comdt de Cie F.V.
- Cdt de Cie de mitrailleuses.
- Section de mitrailleuses à dos d'hommes.
- S.M. sur voiturettes (ou bâts)
- Canon de 37.
- Stokes.
- Organes de sûreté.
- Limite de la Zone d'action du bataillon.
- Résistance ennemie signalée par les avions ou se dévoilant par ses feux.

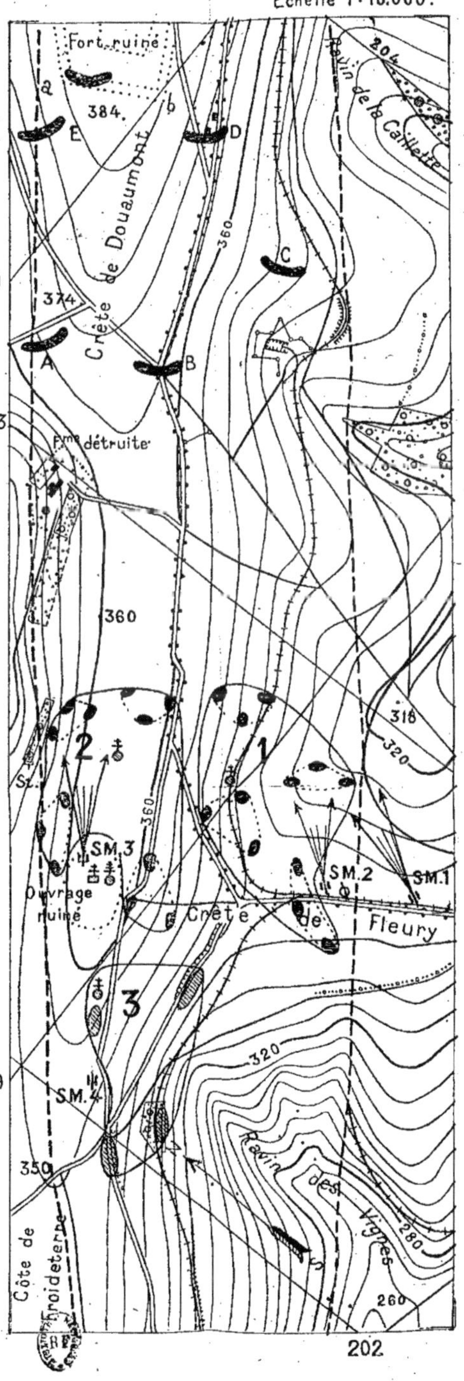

www.ingramcontent.com/pod-product-compliance
Ingram Content Group UK Ltd.
Pitfield, Milton Keynes, MK11 3LW, UK
UKHW020244180726
13839UKWH00001B/154